Joy Dawson

# Einige Gedanken Gottes zum Thema Heilung

Originaltitel: Some Ways of God in Healing,
How to get Answers and Directions When You're Suffering
Erschienen bei Youth With A Mission Publishing, P.O. Box 5587, Seattle, WA 98155
Copyright ©1991 by Joy Dawson

Copyright © der deutschen Ausgabe:
Jugend mit einer Mission Verlag, CH-2504 Biel
Alle Rechte vorbehalten

1. Auflage September 1993

Bibelzitate wurden, falls nicht anders angegeben der Einheitsübersetzung entnommen

Übersetzung: Manfred Schmidt
Umschlaggestaltung und Satz: Eva Stopper-Prader
Druck: St. Johannis Druckerei, Lahr

ISBN 3-906568-22-9

Meinem geschätzten Lebenspartner Jim, dessen treue und liebevolle Unterstützung über dreiundvierzig Jahre sehr dabei geholfen hat, daß dieses Buch Wirklichkeit geworden ist.

*In tiefer Dankbarkeit...*

... Gott gegenüber, daß Er mich in die Lage versetzte, dieses Buch trotz vieler Verpflichtungen zu schreiben, einschließlich der vielen Reisen, der Vortragsvorbereitungen und des Lehrens, ganz zu schweigen von den Unmengen an Korrespondenz und der sehr beschränkten Hilfe im Sekretärsbereich.

... den fürbittenden Freunden, die regelmäßig für mich beten.

... meinem besten Freund, meinem Mann Jim, gegenüber, für seine ausdauernde Bereitschaft, zuzuhören und konstruktive Kommentare zu geben.

...meiner lieben Teilzeitsekretärin Janet Lambert gegenüber für ihren wichtigen Beitrag beim Tippen des Manuskripts.

... Janet Benge gegenüber für ihre hilfreichen Überarbeitungsvorschläge.

# Inhaltsverzeichnis

### Teil 1
**Bedingungen, Schlüssel, Ursache**

**Teil 2**
**Der biblische Sinn von Krankheit**

# Vorwort

Ich erinnere mich noch, wie ich als zwölfjähriger Junge im Vorgarten mit weit aufgerissenen Augen beobachtete, wie man eine Frau hereintrug, die mehr tot als lebendig zu sein schien. Mitglieder ihrer Familie legten ihren skelettähnlichen Körper auf eine Liege, die vorne in der Kirche aufgestellt worden war. In geflüstertem Tonfall wurde der Gemeinde mitgeteilt, daß diese Frau schwer krebskrank sei. Die Ärzte hatten ihr nur noch einige Stunden zu leben gegeben.

Ich starrte auf die Frau und vergaß beinahe zu atmen. Mein Vater und ein Prediger, der zu Besuch bei uns weilte, begaben sich zu der Frau auf ihrer Liege. Zusammen legten sie ihr die Hände auf ihre Stirn und beteten. Was danach passierte, werde ich nie vergessen. Und hätten meine Augen in diesem entscheidenden Augenblick nicht förmlich an dieser Frau geklebt, dann hätte ich geargwöhnt, daß man sie gegen irgendeine andere, gesunde Frau ausgetauscht hätte. Sie sprang nämlich auf die Füße! Als die Gemeinde in Begeisterung ausbrach, fing sie an, im Saal herumzurennen und zu rufen: »Ich bin geheilt! Ich bin geheilt!«

Das war schlicht, kraftvoll und nicht zu leugnen. Warum aber geschieht Heilung nicht immer? Später in meinem Leben mußte ich traurig zusehen, wie ein Evangelist einen Mann anfuhr, weil er nicht genügend Glauben aufbrachte, geheilt zu werden. Ich kann mich auch noch an die Widersinnigkeit eines anderen Vorfalls erinnern: ein sehr aufrichtiger Bruder schaute mich durch zwei starke Brillengläser an, lächelte mir zu, wobei seine Goldfüllungen aufblitzten, und sagte mir, auch ich könnte die vollkommene göttliche Gesundheit haben, wenn ich mir seine Theologie der Heilung zu eigen machen würde.

Deshalb bin ich so dankbar für dieses Buch von Joy Dawson. Es ist ausgewogen, schriftgemäß und vermittelt Leben. Es beantwortet viele Fragen und bahnt den Weg dafür, daß Menschen nicht nur Heilung empfangen, sondern Gottes Wege umfassender verstehen.

In den vierundzwanzig Jahren, in denen ich Joy kenne, habe ich gesehen, wie das, was sie lehrt, unzähligen Menschen auf der ganzen Welt Freiheit und Heilung gebracht hat. Ich habe auch gesehen, wie sie vor Mitleid geweint hat, als sie für sterbende Flüchtlingskinder in Thailand gebetet hat. Oft habe ich mitbekommen, wie sie in den frühen Morgenstunden sich mit jemandem zur Seelsorge und zum Gebet getroffen hat, obwohl sie erst einen langen anstrengenden Tag des Dienstes hinter sich hatte. Ich selbst habe Gottes heilende Kraft erlebt, als sie und ihr Mann Jim mir gedient haben. Ich weiß auch ein wenig von den vielen Stunden, die sie mit Gott verbringt, in denen sie Ihn sucht und für andere Fürbitte tut. Die Bibel sagt: »An ihren Früchten sollt ihr sie erkennen« (Matthäus 7,20).

Ich empfehle Ihnen dieses Buch. Ich empfehle Ihnen ebenso das Leben, den Charakter und die Weisheit der Autorin. Sie ist in Wahrheit jemand, der praktiziert was er lehrt und lehrt, was die Bibel sagt.

Loren D. Cunnigham
Gründer und Präsident von
Jugend mit einer Mission

# Einleitung

Ich möchte von Beginn an klarstellen, daß ich nicht glaube, alle Antworten zu diesem Thema zu haben. Deshalb der Titel »*Einige Gedanken Gottes zum Thema Heilung*«.

Ich möchte ebenso klarstellen, daß ich nicht versucht habe, eine vollständige biblische Untersuchung dieses umfangreichen Themas zu liefern. Das vorliegende Buch stellt einfach einen ehrlichen Versuch dar, einige der biblischen Prinzipien, die ich entdeckt und in meinem eigenen Leben angewandt habe, schriftlich niederzulegen. Es enthält auch einige meiner Beobachtungen, wie faszinierend unterschiedlich die Wege sind, die Gott mit Seinen Kindern geht, wenn sie Ihn besser kennenlernen wollen, um Ihn dann anderen bekannt zu machen.

Gottes Absicht ist es, daß wir Seinem geliebten Sohn, dem Herrn Jesus, ähnlicher werden. Und Er verursacht, erlaubt und benützt viele verschiedene und schwierige Umstände, um diese Umwandlung in uns zustande zu bringen.

Krankheit und Heilung, ob letztere nun plötzlich, allmählich, verzögert, teilweise, durch medizinisch-wissenschaftliche Methoden oder ohne sie geschieht, oder ob es zu überhaupt keiner Heilung kommt, sind alle Teil dieses Prozesses.

In diesem Buch berichte ich eine Reihe von Ereignissen, wie Gott mich Seine Wege durch Zeiten körperlichen Schmerzes gelehrt hat. Diese Erfahrungen verteilen sich über ein ganzes Leben. Ich will damit nicht den Anschein erwecken, als ob ich viel durch Krankheiten zu leiden gehabt hätte. Im Gegenteil: Gott hat mir gnädigerweise eine bemerkenswerte Gesundheit geschenkt.

Es ist mein aufrichtiger Wunsch und mein sehnlichstes Gebet, daß viele Leute durch das Lesen dieses Buches zu einem tieferen Verständnis von Gottes Charakter und den Prinzipien gelangen, durch die Er in menschlichen Belangen wirkt.

# Teil 1

## Bedingungen, Schlüssel, Ursachen

# Kapitel 1

# Eine unvoreingenommene Einstellung zum Wort Gottes

Haben Sie schon mit den Fragen gerungen, die sich auf dem ganzen Gebiet der Heilung ergeben? Wenn ja, dann sind Sie nicht der oder die einzige; die meisten Christen, die nachdenken, haben das schon getan.

Warum werden einige geheilt, andere aber nicht? Die Frage wird vor allem deshalb brennend, weil einige, die nicht geheilt werden, manchmal zu den hingegebensten und aufrichtigsten Christen gehören.

Ich frage mich, was wohl Trophimus gedacht hat, als Paulus ihn in Milet zurücklassen mußte, weil er krank war (2. Timotheus 4,20).

Warum sterben einig der frömmsten und vitalsten Christen, während viele Menschen, die viele Probleme verursachen, weiterleben?

Ich frage mich, was wohl die Jünger dachten, als Johannes der Täufer geköpft wurde (Matthäus 14,10-12)?

Schlägt Gott Kapriolen? Hat Er so Seine Lieblinge, die Er bevorzugt? Ist Er wirklich auf *allen* Seinen Wegen gerecht?

Ich frage mich, was wohl die *anderen* Mütter in der Stadt Nain gedacht haben, deren tote Söhne von Jesus während Seiner Anwesenheit nicht zum Leben erweckt worden waren (Lukas 7,11-15)?

Welche Rolle spielt Gott, wenn es um Krankheit geht? Verfolgt Er eine Absicht damit?

Ich frage mich, ob der Apostel Paulus Fragen hatte, als er während der Zeit seines Dienstes unter den Christen in Galatien (Galater 4,13-15) sich mit einem schweren Augenleiden herumschlug - und das, nachdem er so machtvoll von Gott gebraucht worden war, um anderen Heilung zu bringen (Apostelgeschichte 19,11-12)!

Welche Rolle spielen satanische Mächte im Hinblick auf Krankheit - wenn sie überhaupt etwas damit zu tun haben?

Welche Rolle spielen wir?

Welche Rolle spielt die medizinische Wissenschaft?

Und hatte »Dr.« Lukas Schwierigkeiten, seine medizinischen Kenntnisse und Erfahrung mit den Heilungswundern in Einklang zu bringen, die er während seines Lebens sah?

Je mehr wir dieses Thema ehrlich von Gottes Wort her angehen, desto mehr erkennen wir, daß es keine einfache Formel oder einen Schlüsselvers gibt, der das alles erklärt.

Wie das so oft der Fall ist, wenn es um Gottes Wahrheiten geht, entdecken wir, daß es viel zu lernen gibt, auch wenn sie nicht kompliziert sind.

Gottes Wort zeichnet sich aber durch eine wunderbare Ausgeglichenheit aus, einfach deshalb, weil Gott der Autor ist. *»Jede von Gott eingegebene Schrift ist auch nützlich zur Belehrung, zur Widerlegung, zur Besserung, zur Erziehung in der Gerechtigkeit; so wird der Mensch Gottes zu jedem guten Werk bereit und gerüstet sein.«* 2. Timotheus 3,16-17

Gottes Wort ist verlockend, von zwingender Logik, es schlägt einen in den Bann und ist voll von Wunderbarem; so frisch und so verläßlich wie der morgige Sonnenaufgang; genau wie Gott selbst.

So lassen Sie uns versuchen, einen unvoreingenommenen Blick auf dieses faszinierende Gebiet der Krankheit und der Heilung zu werfen und zwar aus dem Blickwinkel des Liebesbriefes Gottes an uns ... eben der Bibel. Er hat uns nicht ohne Antworten gelassen, obwohl wir uns vielleicht manchmal etwas verwirrt vorkommen.

Allen, die aufrichtig beten: »Zeige mir Deine Wege!«, wird Er Verständnis schenken. Jesus nahm eine enttäuschte, desillusionierte und entmutigte Gruppe von Jüngern und dann *»öffnete er ihnen die Augen für das Verständnis der Schrift.«* Lukas 24,45

Ob wir uns mit den Jüngern an diesem Punkt ihres Lebens identifizieren oder nicht, Gott möchte uns die gleiche Erfahrung schenken. Niemand hat die ganze Wahrheit, außer dem Einen, der die Wahrheit ist - Jesus (Johannes 14,6).

Wir sind alle Pilger auf einem schmalen Weg, die mehr über Ihn entdecken.

Ich war beeindruckt von der Demut eines leitenden Baptistenpastors, als er, kurz nachdem er die Pfarrstelle in der Gemeinde, zu der ich ging, übernommen hatte, ankündigte, daß er nicht die ganze Wahrheit im Griff habe. Anschließend zitierte er die letzte Zeile eines alten Kirchenliedes: »Es wird noch mehr Licht und Wahrheit aus Seinem Wort hervorbrechen.«

Für mich unterschied sich das so wohltuend von so vielen Predigern und Lehrern, die der festen Meinung sind, die ganze Wahrheit zu besitzen.

Als ich anfing, dieses Buch zu schreiben, erinnerte ich mich wieder daran, wie mich diese Zeile gepackt hatte. So schrieb ich der Sekretärin dieser Gemeinde in Neuseeland, die ich vor vielen Jahren besucht hatte, einen Brief, um den Namen des Liederdichters herauszufinden, damit ich ihn erwähnen könnte.

Zu meiner Überraschung und Freude sandte sie mir die folgenden drei Verse, nachdem sie das Lied in einem alten baptistischen Liederbuch gefunden hatte. Der Autor George Rawson hat dort auf eine sehr treffende Weise beschrieben, was ich hier zum Ausdruck bringen möchte. Jedesmal, wenn ich dies durchlese, bin ich innerlich bewegt und begeistert. Lassen Sie sich keine Zeile entgehen!

Wir begrenzen nicht die Wahrheit Gottes auf die armselige Reichweite unseres Verstandes durch die Vorstellungen unserer Zeit und Konfession, so ungeschliffen, partiell und beschränkt. Nein, eine neue und bessere Hoffnung soll in unseren Herzen wach werden: Der Herr hat noch mehr an Licht und Wahrheit, die Er aus Seinem Wort hervorbrechen lassen wird.

Wer wagt es, an seinen beschränkten Verstand das Wort des Himmels zu binden, das für alle Nationen, Zungen und Länder und alle Zeiten gegeben wurde? Dieses Universum, so unbekannt! Dieser Ozean, so unerforscht! Der Herr hat noch mehr an Licht und Wahrheit, die Er aus Seinem Wort hervorbrechen lassen wird.

O Vater, Sohn und Geist, sende uns mehr und mehr aus der Höhe; Verbreitere und erweitere alle christlichen Seelen, um Deine Liebe zu erfassen: Und laß uns weitergehen, damit wir wissen, weil uns edlere Kräfte geschenkt wurde: Der Herr hat noch mehr an Licht und Wahrheit, die Er aus Seinem Wort hervorbrechen lassen wird.

Lassen Sie uns den letzten Vers zu unserem persönlichen Gebet machen, bevor wir in Sein Wort schauen.

# Kapitel 2

# Verheißungen und Bedingungen

Das Wort Gottes hat mich zu der unumstößlichen Überzeugung gebracht, daß göttliche Heilung ein Teil von Gottes umfassendem Plan für Seine Kinder heute ist. Gott beabsichtigt, uns daran teilnehmen zu lassen, indem wir Instrumente sind, um Seine heilende Kraft anderen zu bringen. Die Bibel zeigt das sehr deutlich.

Ich glaube auch, daß es Gottes größter Wunsch und letztes Ziel für Seine Kinder ist, sie dem Bild Seines Sohnes gleichzugestalten. Und das muß nicht immer körperliche Heilung mit einschließen. Dieses Thema werden wir uns in einem anderen Kapitel näher anschauen.

Glauben wir wirklich, was die Bibel sagt: »*Jesus Christus ist derselbe gestern, heute und in Ewigkeit.*« (Hebräer 13,8)?

Wir wollen uns einige Schriftstellen ansehen, die mit Heilung zu tun haben.

**A.** Das Leben und der Dienst Jesu

*»Dann rief er [Jesus] die Zwölf zu sich und gab ihnen die Kraft und die Vollmacht, alle Dämonen auszutreiben und die Kranken gesund zu machen. Und er sandte sie aus mit dem Auftrag, das Reich Gottes zu verkündigen und zu heilen.«* Lukas 9,1-2

*»Jesus zog durch alle Städte und Dörfer, lehrte in ihren Synagogen, verkündete das Evangelium vom Reich und heilte alle Krankheiten und Leiden.«* Matthäus 9,35

*»Danach suchte der Herr zweiundsiebzig andere aus und sandte sie zu zweit voraus in alle Städte und Ortschaften, in die er selbst gehen wollte.«* Lukas 10,1

*»Heilt die Kranken, die dort sind, und sagt den Leuten: Das Reich Gottes ist euch nahe.«* Lukas 10,9

**B.** Ein Beispiel für Heilungen, die eine Folge des Dienstes der Jünger auch nach Jesu Tod und Auferstehung waren.

*»Petrus aber sagte: Silber und Gold besitze ich nicht. Doch was ich habe, das gebe ich dir: Im Namen Jesu Christi, des Nazoräers, geh umher! Und er faßte ihn an der rechten Hand und richtete ihn auf. Sogleich kam Kraft in seine Füße und Gelenke; er sprang auf, konnte stehen und ging umher. Dann ging er mit ihnen in den Tempel, lief und sprang umher und lobte Gott.«* Apostelgeschichte 3,6-8

**C.** Leben und Lehre des Paulus

*»Auch ungewöhnliche Wunder tat Gott durch die Hand des Paulus. Sogar seine Schweiß- und Taschentücher nahm man ihm vom Körper weg und legte sie den Kranken auf; da*

*wichen die Krankheiten, und die bösen Geister fuhren aus.«*
Apostelgeschichte 19,11-12

*»... einem anderen [...] die Gabe, Krankheiten zu heilen.«*
1. Korinther 12,9

**D.** Die Ermahnungen des Jakobus

*»Ist einer von euch krank? Dann rufe er die Ältesten der Gemeinde zu sich; sie sollen Gebete über ihn sprechen und ihn im Namen des Herrn mit Öl salben. Das gläubige Gebet wird den Kranken retten, und der Herr wird ihn aufrichten; wenn er Sünden begangen hat, werden sie ihm vergeben. Darum bekennt einander eure Sünden, und betet füreinander, damit ihr geheilt werdet. Viel vermag das inständige Gebet eines Gerechten.«* Jakobus 5,13-16

Wir wären unweise, wenn wir sofort Gottes heilende Kraft in Anspruch nähmen ohne zuerst die Bedingungen zu erkennen und zu erfüllen, die nötig sind, um sie beanspruchen zu können.

Eines Morgens lehrte ich in einer Schule für Evangelisation von »Jugend mit einer Mission« in der Schweiz. Ich hatte schon einige Wochen jeweils morgens und abends gelehrt und war bei vollkommener Gesundheit. Es war ungefähr die dritte oder vierte Woche, in der Mitte des Winters, als ich eines Morgens zitternd vor Kälte aufwachte, obwohl der Raum geheizt war. Mir war übel und ich fühlte mich krank. Ich sehnte mich danach, im Bett zu bleiben und einfach zu schlafen.

Ich erkannte, daß ich klare Weisung von Gott haben mußte, ob ich dem Diktat meiner legitimen Wünsche folgen oder mit Gottes Auftrag zu lehren fortfahren sollte.

Ich folgte also dem Rat des Herrn: »*Mit ganzem Herzen vertrau auf den Herrn, bau nicht auf eigene Klugheit; such Ihn zu erkennen auf all deinen Wegen, dann ebnet er selbst deine Pfade.*« Sprüche 3,5-6

Ich war mir auch bewußt, daß dämonische Mächte mir einen Eindruck in meinen Verstand geben können, um mich davon abzuhalten, Gottes Willen zu tun. Für den Fall, daß sie am Werk waren, widerstand ich ihnen in dem allmächtigen Namen des Herrn Jesus Christus und glaubte, daß sie so zum Schweigen gebracht worden waren, da es in Jakobus 4,7 heißt: »*Ordnet euch also Gott unter, leistet dem Teufel Widerstand; dann wird er vor euch fliehen.*«

Obwohl der Herr mir noch nicht gezeigt hatte, was ich an diesem Vormittag lehren sollte, sagte ich: »Herr, willst Du, daß ich dorthin gehe und Dein Wort an die Schüler weitergebe?« Ein Eindruck kam in meine Gedanken: »Geh, ich will dir Kraft geben.« Ich dachte: »In Ordnung, das ist klar.« Ich fing also an, mich anzuziehen, aber dann fühlte ich mich schlechter.

Ich dachte: »Wie um alles in der Welt soll ich mich überhaupt nur konzentrieren können, um Gott in Seinem Wort zu suchen, um Sein Wort für diesen Vormittag zu bekommen? Vielleicht habe ich einen falschen Eindruck bekommen.« Ich kniete also nieder, ging die ganze Prozedur noch einmal durch und hörte auf Gott. Und wieder hörte ich die Stimme des Herrn in meinem Geist reden: »Geh, ich werde dich aufrechthalten.« Ich sagte: »Gut, das ist nun wirklich klar.«

Ich aß und trank nichts, zog mich fertig an und schaffte es bis in den Seminarraum. An diesem Morgen war ich zu schwach um zu stehen, so saß ich auf einem Hocker, neigte meinen Kopf im Gebet und fing an, Gott dafür zu preisen, wer Er in Seiner Herrlichkeit und Macht ist. Ich dankte Ihm im Glauben, daß Er uns einen bemerkenswerten Vormittag geben würde und pries Ihn für das Vorrecht hier zu sein. Dann dankte ich Ihm daß er mir sagen würde, was ich tun sollte. Ich betete, daß es eine mächtige Bewegung des Geistes Gottes geben würde und setzte Glauben frei.

Gott führte mich, über bestimmte Merkmale Seines Charakters zu sprechen und befähigte mich, mit Autorität zu lehren. Auch in den Schülern war das Wirken von Gottes Kraft offensichtlich, während sie neue Offenbarungen willig aufnahmen. Es war eine eindrückliche Zeit, die nur mit Gottes Wirken erklärt werden konnte. Mittendrin wurde ich völlig geheilt und mir wurde sogar solche übernatürliche Energie des Geistes und des Körpers gegeben, daß ich mich fühlte, als könnte ich den Mount Everest besteigen - naja, beinahe!

Die Bewegung von Gottes Geist dauerte bis ein Uhr mittags. Ich traf mich dann sofort mit Loren Cunningham, dem Direktor der Schule, um auf seine Bitte hin mitzuhelfen, eine schwierige Situation, die einen Studenten betraf, zu lösen. Gottes Weisheit und Kraft strömte weiterhin, um diesem Bedürfnis zu begegnen. Ungefähr in der Mitte des Nachmittags unterbrach ich, um zu essen und zu trinken und fühlte mich quicklebendig wie eine Fisch im Wasser.

Bedingungsloser Gehorsam war so zum Schlüssel für die Freisetzung von Gottes heilender Kraft geworden.

Bald nachdem Mose die Israeliten aus Ägypten her-
ausgeführt hatte, gab Gott ihnen folgende Verheißung:
»... *Wenn du auf die Stimme des Herrn, deines Gottes, hörst
und tust, was in seinen Augen gut ist, wenn du seinen
Geboten gehorchst und auf alle seine Gesetze achtest, werde
ich dir keine der Krankheiten schicken, die ich den Ägyptern
geschickt habe. Denn ich bin der Herr, dein Arzt.*« 2. Mose
15,26

Was war die Bedingung für die Verheißung »Ich bin
der Herr, dein Arzt«? - Gehorsam.

Wir wollen uns diesen Vers etwas näher anschauen.
»*Wenn du auf die Stimme des Herrn, deines Gottes, hörst*
[und zwar bewußt, nicht nur so nebenbei] *und tust, was
in seinen Augen gut ist* [nicht nur in den Augen der
Menschen]«. Wie nun können wir wissen, was in Seinen
Augen gut ist? Es gibt nur einen Weg. Wir müssen in der
Schrift forschen um zu sehen, was Sein Maßstab für
Gerechtigkeit ist. »Wenn du seinen Geboten gehorchst
und auf alle seine Gesetze achtest.« Das heißt, gegenüber geoffenbarter Wahrheit und gegenüber den Einge-
bungen des Heiligen Geistes gehorsam zu sein. Dann,
sagt er, »*werde ich dir keine der Krankheiten schicken, die ich
den Ägyptern geschickt habe.*«

Was sagt Gott hier? Er hat tatsächlich einigen Leuten
Krankheit geschickt. Aber er hat auch gesagt, »Ich werde das nicht tun, wenn du sorgfältig auf mich hörst und
mir gehorchst. Dann werde ich dir beweisen, daß ich der
Herr, dein Arzt bin.«

In Psalm 103,2-3 lesen wir: »*Lobe den Herrn, meine
Seele, und vergiß nicht, was er dir Gutes getan hat, der dir all
deine Schuld vergibt und all deine Gebrechen heilt.*«

Was würdest du von jemandem halten, der herum-
läuft und erklärt: »Gott vergibt alle meine Sünden. Das
sagt die Bibel. Ich nehme es aus Psalm 103,2-3. Letzte
Woche habe ich Ehebruch begangen, und Gott hat mir
vergeben. Ich habe gelogen. Er hat mir vergeben. Es ist
egal, was ich getan habe, die Bibel sagt, er vergibt mir.
'Lobe den Herrn, meine Seele, und vergiß nicht, was er
dir Gutes getan hat'. Ich lebe in der Vergebung Gottes.«

Wir wissen sehr genau, daß es nicht ein Gramm
Vergebung Gottes gäbe, wenn sich diese Person nicht
vorher von der Sünde, die er oder sie begangen hat, in
echter Reue abgewendet hat. Dann erst wird Gott vergeben. Es gibt hier also eine genau festgelegte Bedingung. Aber oft nehmen Menschen diesen Teil des
Verses, der sich auf Heilung bezieht und beanspruchen
sie, ohne Gott zu suchen, um zu sehen, ob es irgendwelche Bedingungen gibt, die zuerst erfüllt sein müssen.

Wir können keine Lehre auf einen aus dem Zusammenhang herausgenommenen Bibelvers gründen. Die
Schriftstellen zu einem bestimmten Thema müssen in
Übereinstimmung mit anderen Schriftstellen sein, damit Wahrheit herauskommt. Jede Wahrheit muß außerdem auf dem Wesen Gottes beruhen; die Prinzipien,
nach denen Gott handelt, sind im gesamten Wort Gottes
offenbart.

Dann lesen wir in Jesaja 53,4-5 die Verheißung über
Jesus: »*Aber er hat unsere Krankheit getragen und unsere
Schmerzen auf sich geladen. Wir meinten, er sei von Gott
geschlagen, von ihm getroffen und gebeugt. Doch er wurde
durchbohrt wegen unserer Verbrechen, wegen unserer Sün-*

den zermalmt. Zu unserem Heil lag die Strafe auf ihm, durch seine Wunden sind wir geheilt.«

Diese Schriftstellen machen deutlich, daß unser geliebter Retter die Strafe für unsere Sünden auf sich nahm und für unsere Krankheiten litt, damit wir heil würden. Aber damit Sein Erlösungswerk am Kreuz in unserem Leben wirksam werden kann und wir Seine Kinder werden können, gibt es notwendige Schritte, die wir gehen müssen (siehe Anhang 1)

Es ist auch wichtig, daß wir verstehen, bevor wir körperliche Heilung aufgrund der obengenannten Schriftstellen in Anspruch nehmen, daß es weise von uns wäre, Gott zu suchen, ob das Scin Wille und Seine Absicht zu dieser speziellen Zeit in unserem Leben ist.

»Wer hat gesprochen und es geschah? Hat nicht der Herr es geboten?« Klagelieder 3,37

Das nächste Kapitel wird uns helfen, zu verstehen, wie wir beten sollen, um die richtigen Antworten auf unsere tiefsten Nöte zu bekommen.

# Kapitel 3

# Vier Schlüsselgebete

Wenn wir selbst oder jemand anderes, mit dem wir zu tun haben, Heilung braucht, sei es mental, geistlich, körperlich oder emotional, dann gibt es vier sehr wichtige Gebete, die wir beten können; außerdem müssen wir unseren Glauben dabei einsetzen. Denn wenn wir nicht glauben, daß Gott uns antworten wird, wird auch nichts geschehen, wie es in Hebräer 11,6 heißt: »Ohne Glauben aber ist es unmöglich, Gott zu gefallen...« Und Römer 14,23 sagt: »*Alles, was nicht aus Glauben geschieht, ist Sünde.*« Und in Hebräer 3,12 heißt es wiederum: »*Gebt acht, Brüder, daß keiner von euch ein böses, ungläubiges Herz hat, daß keiner vom lebendigen Gott abfällt.*«

Fange immer damit an, Gott für das, *was* Er ist, anzubeten und zu preisen. Das gibt uns Grund, Ihn unter allen Umständen zu preisen; Lobpreis aber setzt Gottes Kraft frei.

Das erste Gebet ist: »*Lieber Gott, tue dasjenige in diesen Umständen, was Deinem Namen die meiste Ehre bringt!*« Das ist das Gebet, das mehr als alles andere Gottes Arm bewegt. Und doch ist das oft das letzte Gebet, das Gott von uns hört, wenn wir beispielsweise krank sind. Oftmals haben wir bereits alles versucht, was wir wissen, um geheilt zu werden, und sagen erst dann schließlich: »Nun, Herr, tu einfach etwas, das Deinem Namen Ehre bringt.« Und das ist der Moment, an dem Gott zu handeln anfängt. Kommt Ihnen das bekannt vor?

In dem wunderbaren Buch »Beyond Ourselves« von Catherine Marshall lesen wir, daß sie schon zwei Jahre lang Tuberkulose gehabt und alles versucht hatte, um geheilt zu werden, einschließlich vieler Gebete. Schließlich sagte sie etwa Folgendes: »Herr, ich lasse mich los in Deine Hände: Tue alles, was Deinem Namen Ehre gibt.«

Und dann geschah es. Jesus kam und erschien ihr in ihrem Schlafzimmer. Sie spürte Seine Gegenwart und wußte, daß Er neben ihr saß und sie angerührt und geheilt hatte. Er hatte die ganze Zeit über gewartet, daß sie an den Punkt käme, wo alles, was ihr wichtig war, Seine Ehre wäre: daß Er in ihren Umstände die Ehre bekäme auf Seine Weise und zu Seiner Zeit. Wenn wir wirklich an diesem Punkt sind, dann spielt es keine Rolle mehr, ob wir geheilt werden oder nicht. Wir überlassen die Entscheidung einem all-weisen und all-liebenden Gott.

Die Tatsache, daß unsere Gebete immer von dem primären Wunsch nach Seiner Ehre motiviert sein sollten, wird in Johannes 14,13 unterstrichen: »*Alles, was ihr in meinem Namen bittet, werde ich tun, damit der Vater im Sohn verherrlicht wird.*«

Das zweite Gebet, das wir beten müssen, lautet: »*Bitte sage mir, was Du mich dieses Mal lehren möchtest. Danke, daß Du das tun wirst.*« Und nicht: »Herr, bring das doch dem Soundso bei!«

Vielleicht ist es Ihre Aufgabe, für jemanden zu beten, der krank ist. Vielleicht ein Familienmitglied oder einen Freund, und Sie haben keine Einsicht, warum keine Heilung erfolgt. Nun, dann fragen Sie Gott, was Er Sie lehren will. Je engagierter wir sind, umso mehr müssen wir dieses Gebet beten, und glauben, daß Gott antworten wird.

Das dritte Gebet ist: »*Offenbare mir bitte auf Deine Weise und zu Deiner Zeit die Ursachen und/oder den Zweck dieser Krankheit. Danke, daß Du das tun wirst.*«

Oft ist es wichtiger, auf diese letzten beiden Fragen Antwort zu haben, als geheilt zu werden.

Wenn wir die Einsicht haben, wie sich die eigene Krankheit in Gottes umfassenden Plan für unser Leben einfügt, können wir diese Situation akzeptieren und dann erwarten, daß Gott sie zu Seiner Ehre und unserem Besten benutzt.

Wir werden dann auch durch unser Leiden einiges mehr an Einsicht über Gottes Wege gewinnen.

Das vierte Gebet schließlich lautet: »*Sag mir, was ich als nächstes tun soll. Danke, daß Du das tun wirst, auf Deine Weise und zu Deiner Zeit.*«

Nun, daran ist nichts Kompliziertes. Wenn wir Gott sorgfältig suchen, wird Er Seine Verheißungen erfüllen, und uns unsere nächsten Schritte deutlich machen. »*Ich unterweise dich und zeige dir den Weg, den du gehen sollst. Ich will dir raten; über dir wacht mein Auge.«* Psalm 32,8

*»Ich aber schaue aus nach dem Herrn, ich warte voll Vertrauen auf Gott, meinen Retter. Mein Gott wird mich erhören.«* Micha 7,7

Jetzt sehen wir die Dinge in der richtigen Perspektive und Gott ist frei, zu handeln.

In diesem Buch werden Sie viele Geschichten lesen, die mit diesen letzten drei Gebeten zu tun haben.

### Gottes Souveränität

Wie immer auch Gott wirkt und auf welche Weise er uns auch antwortet, wir müssen immer die Souveränität Gottes im Auge behalten. *»Jetzt seht: Ich bin es, nur ich, und kein Gott tritt mir entgegen. Ich bin es, der tötet und der lebendig macht. Ich habe verwundet, nur ich werde heilen. Niemand kann retten, wonach meine Hand gegriffen hat.«* 5. Mose 32,39

Wir können Gott nicht zwingen, damit Er etwas tut, was wir gerne möchten. Gott wartet darauf, daß wir so reif sind und an den Punkt kommen, wo wir Gebete beten, die im Einklang mit Seinem Charakter und Seinen Wegen stehen.

Wir müssen verstehen, daß Gott in all Seiner Souveränität absolut gerecht ist. *»Gerecht ist der Herr in allem, was er tut, voll Huld in allen seinen Werken.«* Psalm 145,7 *»Er heißt: Der Fels. Vollkommen ist, was er tut; denn alle seine Wege sind recht. Er ist ein unbeirrbar treuer Gott, er ist gerecht und gerade.«* 5. Mose 32,4

In Hesekiel 14,23 lesen wir: *»... all das, was ich getan habe, habe ich nicht ohne Grund getan, spricht der Herr.«*

Gott hat immer einen Grund dafür, wenn Er erlaubt, daß uns etwas zustößt. Er ist kein eigenwilliger Gott, und Er ist kein unfreundlicher Gott. Er ist ein liebender Gott, der Seinen Plan zu unserem Besten zum Ziel bringt.

# Kapitel 4

# Das letztendliche Ziel
# Gottes für Seine Kinder

Gott zeigt uns in Römer 8,29 ganz deutlich, daß Sein letztendliches Ziel für uns ist, daß wir in das Bild Seines Sohnes Jesus Christus verwandelt werden. Daß wir die Erlösung erlangen, indem wir unser Leben Ihm hingeben, hat sein eigentliches Ziel eben darin.

In Römer 8,28 lesen wir, daß bei denen, die den Herrn lieben (und Liebe für Ihn bemißt sich nach unserem Gehorsam Ihm gegenüber gemäß Johannes 14,15) und die nach Seinem ewigen Plan berufen sind, Gott ganz bestimmt alles nach einem Plan lenkt; dieser Plan dient ihnen in allen Lebensumständen zum Besten.

Wir vergessen gerne, daß Umstände, die schwer oder schmerzlich sind, auch Krankheiten oder Verletzungen durch Unfall, genau in Gottes weisen, vollkommenen

Plan für uns passen, mit dem Er Sein eigentliches Ziel für uns erreichen will.

In solchen Zeiten hören wir oft auch einige der hinterhältigsten Einflüsterungen des Teufels in unseren Gedanken - daß wir nutzlos sind und daher von Gott nicht für die Ausbreitung Seines Reiches gebraucht werden können.

Gleichzeitig können wir uns wegen unserer körperlichen Einschränkungen leicht vor uns selbst entschuldigen und meinen, wir seien Gott keine Rechenschaft schuldig und hätten keine Verantwortung dafür, daß wir keinen effektiven Dienst haben.

Die Wahrheit aber ist, daß in diesem Prozeß des Christus ähnlich Werdens Gottes vollkommener Plan unsere völlige Heilung in diesem Leben entweder einschließen oder aber auch nicht einschließen kann.

Da es aber in Gottes Wort so viele Stellen gibt, die uns ermutigen, Gott um Heilung zu bitten - vorausgesetzt wir erfüllen Seine Bedingungen - dürfen wir erwarten, daß Gott uns oft, auf Seine Art und zu Seiner Zeit, erhören wird. Wenn Er es aber nicht tut, dürfen wir gewiß sein, daß Er einen besseren Plan hat, der die Ausbreitung Seines Reiches durch uns *ohne Einschränkung* zum Ziel hat!

Gottes Kraft kann in einem ganz hingegebenen, reinen, gehorsamen Christen, der mit dem Heiligen Geist gefüllt ist, völlig unbeschränkt wirken. Ein erfolgreicher weltweiter Dienst kann entstehen, selbst wenn keine Heilung geschieht.

Was für ein besseres Beispiel für diese Wahrheit gibt es, als Joni Eareckson Tada, bekannt und geliebt von vielen Menschen. Obwohl sie von den Schultern an abwärts gelähmt und an den Rollstuhl gefesselt ist, läßt Gott an ihr unaufhörlich und deutlich das Leben Seines Sohnes sichtbar werden.

Im Alter von siebzehn Jahren wurde Joni durch einen Unfall beim Tauchen gelähmt. Sie lernte es, Gottes Gerechtigkeit, Souveränität, Weisheit und Liebe als unwiderrufliche Wahrheiten in ihrem Leben zu akzeptieren und ist in Treue jeweils den nächsten Schritt gegangen, den Gott ihr zeigte. Das Ergebnis war, daß Gott ihr in den folgenden Jahren die Möglichkeiten gegeben hat, zusammen mit aufopferungsvollen Helfern vieles zu vollbringen:

- Sie schrieb zwölf Bücher.

- Sie wurde zu einer anerkannten Künstlerin, wobei sie Stift und Pinsel mit den Zähnen hält.

- Sie spielte sich selber in einem Film, den World Wide Pictures (Teil der Billy Graham Organization) über ihr Leben drehte.

- Sie ist Rednerin auf nationalen und internationalen Konferenzen.

- Seit 1982 spricht sie täglich in einer fünfminütigen Radiosendung, die über 700 mal pro Tag auf der ganzen Welt ausgestrahlt wird.

- Sie ist Leiterin einer Organisation mit Namen »Joni and Friends«, die Dienste an Behinderten innerhalb der christlichen Gemeinden unterstützt. Das beinhaltet auch, die Behinderten und ihre Familien zu ermutigen, ihr Leben nach lohnenden Werten zu gestalten.

Joni selbst sagt: »Selbst wenn ich vollständig gelähmt und in einem Hinterzimmer ans Bett gefesselt wäre, ohne malen, schreiben oder reden zu können, so könnte ich doch immer noch durch das Ermutigen anderer Menschen, durch Fürbitte und Gehorsam einen weltweiten Dienst haben.«

Es ist wichtig zu wissen, daß Joni aus ganzem Herzen an Gottes Fähigkeit glaubt, auch heute Menschen durch Wunder zu heilen. Aber sie sagt: »Wir können Frieden finden in Gottes souveränem Plan und in Seiner Absicht, sich selbst zu verherrlichen, sei es durch völlige Gesundheit oder durch Leiden.«

Es gibt mehrere Gründe dafür, warum Leiden bis zu einem gewissen Grad ein notwendiger Teil unseres Lebens ist.

Ein Grund ist, daß Leiden geduldiges Ausharren in uns bewirkt. Dieses geduldige Ausharren aber formt unseren Charakter (Römer 5,3-4).

Ein anderer Grund ist, uns zu befähigen, mit Verständnis und Barmherzigkeit anderen Leidenden zu begegnen (2. Korinther 1,4).

Es ist auch durchaus möglich, daß wir leiden müssen, weil wir dem Auftrag Gottes nachkommen, das Evangelium allen Völkern zu predigen. Der Herr Jesus sagte uns auch, wir sollten uns selbst verleugnen und unser Kreuz auf uns nehmen und ihm nachfolgen (Lukas 9,23).

Außerdem gibt es das unvermeidliche Leiden, das aus unserem Leben in einer gefallenen Welt resultiert.

Die Sünde der Menschheit während Tausender von Jahren hat eine beschädigte Welt hervorgebracht, die weit von der Welt entfernt ist, die Gott den Menschen zum Leben zugedacht hatte.

Nun wollen wir uns einige Ursachen für Krankheit ansehen.

# Kapitel 5

# Ein möglicher Grund für Krankheit

Grund Nr. 1: *Es kann ein Angriff Satans oder dämonischer Mächte sein*, der von Gott zugelassen wurde, um uns eine Gelegenheit zu bieten, die weitaus größere Macht Gottes über den Feind zu demonstrieren, indem wir Autorität über ihn ergreifen.

Wir müssen uns gegen die Mächte der Finsternis mit den vier Waffen des Kampfes wappnen, von denen die Bibel sagt, sie »*sind nicht irdisch, aber sie haben durch Gott die Macht, Festungen zu schleifen.*« 2. Korinther 10,4 Diese sind der Heilige Geist, das Wort Gottes, der Name des Herrn Jesus Christus und das Blut Jesu. Das heißt konkret für uns: Wir müssen mit dem Heiligen Geist erfüllt sein; dann sollen wir das Schwert des Geistes einsetzen - nämlich das Wort Gottes -, indem wir wie Jesus dem Satan entgegenhalten »es steht geschrieben«; weiter müssen wir dem Feind das kostbare, vergossene Blut Jesu vorhalten, das alle Seine am Kreuz errungenen Siege repräsentiert. Außerdem proklamieren wir die Niederlage Satans in dem allmächtigen Namen des Herrn Jesus Christus.

Wie können wir nun feststellen, ob Satan die Ursache für eine Krankheit ist? Wenn wir Einblick in die Situation suchen, müssen wir ungefähr in folgender Weise sprechen:

> Satan, Mächte und dämonische Gewalten, ich widerstehe euch im mächtigen Namen des Herrn Jesus Christus. Es steht geschrieben, »*... Er, der in euch ist, ist größer als jener, der in der Welt ist.*« 1. Johannes 4,4

> Ihr könnt mir (oder der Person für die wir beten) nichts zufügen, es sei denn Gott erlaubt es zu meinem Besten. Ich binde euch gemäß dem Wort Gottes, »*Alles, was ihr auf Erden binden werdet, das wird auch im Himmel gebunden sein...*« Matthäus 18,18

> Ich widerstehe euch. Es steht geschrieben, »*Leistet dem Teufel Widerstand, dann wird er vor euch fliehen.*« Jakobus 4,7 Es steht geschrieben, »*Sie haben ihn [Satan] besiegt durch das Blut des Lammes und durch ihr Wort und Zeugnis.*« Offenbarung 12,11

> Wenn ihr der Grund für diese Krankheit seid, so löse ich mich (oder diese Person) im Namen Jesu von jedem satanischen Angriff.

Dann loben wir Gott und beten ihn an wegen seiner alles übersteigenden Macht über den Feind unserer Seelen. *»Gelobt sei der Herr, der mein Fels ist, der meine Hände den Kampf gelehrt hat, meine Finger den Krieg. Du bist meine Huld und Burg, meine Festung, mein Retter, mein Schild, dem ich vertraue. Er macht mir Völker untertan.«* Psalm 144,1-2

Wenn es sich nun tatsächlich um einen Angriff Satans handelt und wir an diese geistlichen Waffen glauben, was wird dann geschehen? Wir werden anfangen gesund zu werden! Während wir weiterhin Gott dafür preisen, wer er ist, wird die Depression von uns weichen. Der Streit in unserer Familie wird aufhören. Die Rückenschmerzen werden verschwinden!

In Lukas 13,11 lesen wir, *»Dort saß eine Frau, die seit achtzehn Jahren krank war, weil sie von einem Dämon geplagt wurde; ihr Rücken war verkrümmt, und sie konnte nicht mehr aufrecht gehen.«* In Vers 16 sagt Jesus, *»*Diese Tochter Abrahams aber, die der Satan schon seit achtzehn Jahren gefesselt hielt, sollte am Sabbat nicht davon befreit werden dürfen?*«* Ihre Krankheit war durch eine satanische Bindung verursacht worden, und Jesus befreite sie davon.

Eines Sonntag Nachmittags tat ich für eine andere Missionsgesellschaft Fürbitte. Es gab Beziehungsprobleme unter den leitenden Missionaren, und ich betete, daß sie sich lösen würden. Ich widerstand den Mächten der Finsternis, indem ich im Namen Jesu befahl, daß alle satanische Aktivität gegen diese Menschen aufhören müßte. Ich fuhr fort, intensiven geistlichen Kampf zu führen, bis ich den Eindruck hatte, daß der Kampf gewonnen war.

Ich hatte mich gerade von den Knien erhoben, als ein heftiger Schmerz meinen Hals packte. Ich habe nie vorher und nie seither etwas Ähnliches gespürt. Es fühlte sich an, als ob eine Kraft in meinem Hals meinen Kopf nach hinten zog. Sofort wußte ich, daß dies ein satanischer Angriff auf meinen Körper war, weil ich geistlichen Kampf in der Fürbitte geführt hatte.

Ich sagte, »Satan, Mächte und dämonische Gewalten, der, der in mir ist - der lebendige Herr Jesus Christus - ist stärker als ihr, die ihr in der Welt seid. Ihr habt keine Macht über meinen Körper. Löst jetzt euren Griff um meinen Hals im Namen Jesu, und zwar sofort!« Augenblicklich kam mein Kopf wieder nach vorne und der Schmerz ließ langsam nach. Das ganze war sehr heftig und blitzschnell vonstatten gegangen.

Dennoch hatte ich nicht einen Moment lang Angst. Ich wußte, woher die Kraft kam, und ich fürchte den nicht, der nur ein gefallener Engel ist, bestimmt zum ewigen Untergang. Genausowenig fürchte ich seine Diener. Ich fürchte Gott, der die Himmel und die Erde schuf. Und wenn wir den Herrn fürchten, dann fürchten wir weder Menschen noch Dämonen.

Wenn das Problem sich aber nicht löst, was haben wir dann gelernt? Daß die Ursache nicht der Satan oder seine Dämonen waren. Überall in der Welt begegne ich Christen, die sich verhalten, als sei der Teufel allgegenwärtig. Sobald irgendetwas schiefgeht, geben sie sofort ihm die Schuld.

In vielen Fällen ist das ein leichter Ausweg. Es entbindet die betreffende Person von jeder persönlichen Verantwortung. Satan ist nicht überall. Das kann er gar nicht. Weder er noch seine Diener sind allgegenwärtig. Schreiben Sie ihnen diese Macht deshalb auch nicht zu. Wir müssen einfach verstehen, daß es auch noch andere Ursachen und Gründe für Krankheiten gibt.

# Kapitel 6

# Es ist nicht immer der Teufel

*Eine zweite Ursache für Krankheit kann Sünde in unserem Leben sein.* Entweder sind wir uns der Sünde bewußt, widerstehen aber der Überführung des Heiligen Geistes und weigern uns, uns zu demütigen und die Sünde zu bekennen. Oder wir sind uns keiner Sünde bewußt; Gott offenbart sie uns aber, wenn wir mit den schon genannten Schlüsselfragen nach der Ursache suchen. Wir sagen einfach, »Herr, ist unvergebene Sünde die Ursache für diese Krankheit? Wenn das so ist, dann möchte ich wirklich Buße tun.« Diese Art aufrichtigen Fragens setzt den Heiligen Geist frei, uns die nötige Offenbarung zu geben. Gott wird den, der gewissenhaft und beständig sucht, belohnen (Hebräer 11,6).

Der folgende Text aus den Psalmen macht es deutlich, daß Gott Krankheit auf geistlichem, emotionalem, mentalem oder körperlichem Gebiet benützen kann, um unsere Aufmerksamkeit zu bekommen, wenn wir Buße nötig haben. »*Sie suchten dahin in ihrem sündigen Treiben, niedergebeugt wegen ihrer schweren Vergehen.*« Psalm 107,17

*Es tut Gott mehr weh, uns zu züchtigen, als die Züchtigung uns selbst weh tut.* Gott steht vor uns als ein Gott von unergründlicher Liebe.

Hören wir darauf, was Sein Herz sagt: »*Hat er betrübt, so erbarmt er sich auch wieder nach seiner großen Huld. Denn nicht freudigen Herzens plagt und betrübt er die Menschen.*« Klagelieder 3,23-24

David sagt: »*Herr, ich weiß, daß deine Entscheide gerecht sind; du hast mich gebeugt, weil du treu für mich sorgst.*« Psalm 119,75

Ein ähnlicher Zeugnis gibt er in Psalm 32,1-2: »*Wohl dem, dessen Frevel vergeben und dessen Sünde bedeckt ist. Wohl dem Menschen, dem der Herr die Schuld nicht zur Last legt, und dessen Herz keine Falschheit kennt.*«

Dann erklärt er in Vers 3-5: »*Solange ich es verschwieg, waren meine Glieder matt, den ganzen Tag mußte ich stöhnen. Denn deine Hand lag schwer auf mir bei Tag und bei Nacht; meine Lebenskraft war verdorrt wie durch die Glut des Sommers. Da bekannte ich dir meine Sünde und verbarg nicht länger meine Schuld vor dir. Ich sagte: Ich will dem Herrn meine Frevel bekennen. Und du hast mir die Schuld vergeben.*«

Es ist offensichtlich, daß Sünde die Ursache für Davids Leiden war, und daß Gottes Gericht an Davids Leib offenbar wurde. Aber als er über seine Sünde Buße tat, vergab Gott ihm barmherzig.

In 4. Mose 11,4-33 lesen wir, daß die Israeliten murrten, weil sie kein Fleisch hatten; Gott gab ihnen das Fleisch, bestrafte sie aber für ihr Murren. »*Sie hatten aber das Fleisch noch zwischen den Zähnen, es war noch nicht gegessen, da entbrannte der Zorn des Herrn über das Volk, und der Herr schlug das Volk mit einer bösen Plage.*«

Paulus tadelte die Gläubigen in Korinth heftig wegen ihres Verhaltens beim Abendmahl. Der Grund war Uneinigkeit, Selbstsucht und Trunkenheit, zusammen mit einer recht lässigen Einstellung gegenüber dem, was es heißt, am Abendmahl teilzunehmen.

Paulus machte sehr deutlich, daß Gottes Gericht sich an ihren Körpern ausgewirkt hatte. Viele waren schwach und krank, eine Reihe von Leuten war sogar gestorben (1. Korinther 11,17-34).

In Johannes 5,1-14 lesen wir von dem Mann, der 38 Jahre lang krank gewesen war, und in der Hoffnung auf Heilung am Teich Bethesda saß. Jesus kam zu ihm und sagte: »*Steh auf, nimm deine Bahre und geh!*« Später machte er dann jene wichtige Aussage: »*Jetzt bist du gesund; sündige nicht mehr, damit dir nicht noch Schlimmeres zustößt.*« Anders ausgedrückt sagte Jesus: »Du und ich, wir beide wissen sehr gut, daß die Ursache der Krankheit Sünde war. Ich habe dich geheilt, aber falle nicht wieder in diese Sünde, oder das Gericht wird noch schlimmer ausfallen.«

Galater 6,7-8 sagt »*Täuscht euch nicht: Gott läßt keinen Spott mit sich treiben; was der Mensch sät, wird er ernten. Wer im Vertrauen auf das Fleisch sät, wird vom Fleisch Verderben ernten, wer aber im Vertrauen auf den Geist sät, wird vom Geist ewiges Leben ernten.*« Mit anderen Worten:

Wenn wir mit unserem Leib sündigen, leiden wir an unserem Leib. Das ist ein unumstößliches Gesetz Gottes: was wir säen, das ernten wir. Aber, Gott sei Dank, wir können die unvermeidliche Ernteperiode verkürzen, indem wir uns vor Gott und Menschen demütigen. Einem wahrhaft bußfertigen Herzen wird immer Barmherzigkeit zuteil. Wir können darum bitten, und andere können auch für uns darum bitten.

Ich war einmal in einem anderen Land, wo ich eine Woche lang jeden Morgen und Abend lehrte. Der geistliche Leiter und seine Frau brachten mich nach einem unserer Treffen nach Hause; begleitet waren wir von einer jungen, verheiratetem Frau, die vier meiner Vorträge gehört hatte. Ich hatte darin stark betont, daß wir Gott kennen müssen, um Ihn bekannt machen zu können - und daß es keine Abkürzungen gibt, um Ihn kennenzulernen. Sie hatte gehört, daß man Zeit braucht, um täglich allein mit Gott sein zu können, und daß man danach trachten muß, Seinen Charakter und Seine Wege aus Seinem Wort kennenzulernen; außerdem braucht man ein Gebetsleben, in dem man sich für andere wirksam einsetzt.

Mit Ausnahme des Vornamens wußte ich nichts von dieser jungen Frau. Als wir anhielten, um sie aussteigen zu lassen, drehte sie sich um und sagte zum Fahrer: »Könnten Sie für mich beten? Ich habe furchtbare Kopfschmerzen.« Er meinte: »Klar.« Dann drehte er sich zu mir um und sagte: »Joy, könntest du für sie beten?« Ich hatte innerlich nicht den Eindruck, gleich für ihre Heilung zu beten (diesen Eindruck habe ich zwar manchmal, manchmal habe ich ihn aber auch nicht). So betete ich innerlich: »Herr, möchtest Du dieser Frau irgendetwas durch mich sagen, und wie soll ich für sie beten?«

Nach kurzer Zeit sagte Gott zu mir: »Frage sie, ob sie bereit ist, die Eine-Million-Dollar-Frage zu stellen!« Nun, Gott und ich wissen, was das ist, und so fragte ich sie: »Möchten Sie lernen, was Gott Ihnen beibringen möchte? Und sind Sie daran stärker interessiert, als daß diese furchtbaren Kopfschmerzen aufhören?« Sie antwortete nach einigem Zögern: »Ja. ich glaube schon.« »Nun,« sagte ich, »dann bitten Sie Ihn jetzt darum!«

Es gab eine lange Stille. Ich nahm an, daß sie das getan hatte, was wir gesagt hatten. Und dann betete ich innerlich: »Herr, hast Du noch irgendetwas, was ich dieser Frau sagen soll?« Als Antwort gab Er mir folgendes kurzes Gebet.

»Lieber Gott, ich bringe diese Frau im Namen Jesu zu Dir und bitte Dich, daß Du jetzt ihren tiefsten Nöten von Verstand, Körper, Seele und Geist begegnest, wie Du sie erkennst. Danke, daß Du das tust. Amen.« Sie antwortete einfach »Vielen Dank. Gute Nacht.« und ging ins Haus.

Am nächsten Morgen sage sie: »Joy, ich muß Ihnen eine Geschichte erzählen. Gestern abend habe ich Ihnen nicht erzählt, wie schlecht es mir ging, aber ich war wirklich total fertig. Ich hatte diese verheerenden Kopfschmerzen schon drei Wochen lang, und ganz egal, wie viele Schmerztabletten ich genommen habe, sie haben alle nichts geholfen. Ich habe auch Beruhigungsmittel genommen. um über die Runden zu kommen, weil ich einen vierjährigen Sohn habe, um den ich mich kümmern muß. Was mich aber wirklich verwirrt hatte, war, daß es mir in den letzten beiden Tagen, an denen ich diese Veranstaltungen besucht habe, noch schlechter ging! Mir war klar, daß ich Hilfe brauchte.«

»Als ich dann gestern abend im Auto zu Gott gesagt habe 'Ich will lieber wissen, was Du mich lehren möchtest, als daß diese Kopfschmerzen aufhören', da sprach Er sehr klar zu mir und sagte: 'Du warst mir über viele Jahre ständig ungehorsam gewesen. Ich habe direkt und indirekt zu dir gesprochen und dir gesagt, daß du allein mit Mir Zeit verbringen und in der Bibel lesen sollst. Mach das diszipliniert und täglich, damit du mich kennenlernst. Ich habe dir auch gesagt, daß du dir täglich Zeit nehmen sollst, um für andere zu beten. Du dienst mir zwar auf andere Art, aber du weigerst dich, mir in diesen Bereichen gehorsam zu sein. Und du hast in den letzten beiden Tagen eine ganze Menge mehr über die Priorität dieser Dinge gehört, aber du nimmst dir immer noch nicht Zeit für mich.'«

Sie erzählte mir dann, wie sie daraufhin still in ihrem Herzen geantwortet hatte: »Herr, ja, das ist so wahr. Heute abend bekenne ich das nicht nur, ich tue Buße darüber. Ich sage Dir, daß ich von heute abend an die Zeit mit Dir zu einer Priorität in meinem Leben machen will.« Und sie fuhr fort »Gleich danach haben Sie gesagt: 'Danke, Herr Jesus, daß Du jetzt den tiefsten Nöten im Herzen dieser Frau begegnest.' Und sofort war ich von diesem Schmerz befreit, der sich wie ein feuriges Band um meinen Kopf angefühlt hatte. Ich hatte das Gefühl, als ob ein kühler Eisbeutel es ersetzt hätte. Ich stieg aus dem Auto aus und war geheilt.«

Nachdem sie mir diese Geschichte erzählt hatte, fragte ich sie: »Wären Sie bereit, heute abend vor allen Leuten aufzustehen und ein Zeugnis darüber zu geben, wie Gott von Krankheit heilen kann?« Sie tat das und nahm als Bibelstelle dazu Psalm 119,75: »*Herr, ich weiß, daß deine Entscheide gerecht sind; du hast mich gebeugt, weil du treu für mich sorgst.*« Sie fügte dann an: »Gott ist gerecht in allen Seinen Wegen und gütig in allem, was er tut. Ich bin so froh, daß ich jetzt frei bin, eine gehorsame Dienerin Gottes zu sein.« Die Heilung trat bei dieser Frau erst ein, als es zur Buße über ihre Sünde des Ungehorsams gekommen war, die die Ursache gewesen war.

»*Halte dich nicht selbst für weise, fürchte den Herrn, und fliehe das Böse! Das ist heilsam für deine Gesundheit und erfrischt deine Glieder.*« Sprüche 3,7-8

Wir müssen die Bedeutung der »Furcht des Herrn« verstehen. Nach Sprüche 8,3 bedeutet dies, die Sünde zu hassen. Wir wählen uns nicht Dinge, die wir hassen, außer wenn wir von einer höheren Autorität dazu gezwungen werden. Das bedeutet mehr, als sich nur der Sünde zu enthalten, weil sie falsch ist oder weil ihre Konsequenzen zu gravierend sind. Es geht darum, die Sünde nicht zu wählen, weil wir sie hassen. Zugleich bedeutet es, ehrfurchtsvoll vor Gottes Heiligkeit zu stehen.

Wir müssen Gott immer wieder bitten, uns Seine Einstellung der Sünde gegenüber zu schenken, und dann zu glauben, daß Er dies tun wird. Er wird die Furcht Gottes auf uns legen, die der stärkste Anreiz ist, nicht zu sündigen. »*Durch Gottesfurcht weicht man dem Bösen aus*« Sprüche 16,6

Die Sünde des Unglaubens gegenüber Gottes Fähigkeiten kann ebenfalls die heilende Kraft Gottes aufhalten. In Matthäus 13,58 lesen wir: »*Und wegen ihres Unglaubens tat Jesus dort nur wenige Wunder.*«

Wenn wir kein Mitleid gegenüber Menschen empfinden, denen es nicht gut geht, kann Gott eine Krankheit bei uns zulassen oder verursachen, um diese Charakterschwäche zu korrigieren. Dies war die Erfahrung zwei meiner engsten Freunde. Vielleicht haben wir andere gerichtet und kein Mitleid für jemand gezeigt, der gelitten hat - bis wir erlebten, daß wir in der gleichen Weise litten. Das habe ich bei einer Gelegenheit einmal selbst erfahren.

Die Zehn Gebote sind nicht zehn Vorschläge, sie sind Gottes absolute moralische Maßstäbe. Eines davon besagt, daß wir einen von sieben Tagen nehmen sollen, um von unseren regelmäßigen Arbeiten auszuruhen. »*Sechs Tage darfst du schaffen und jede Arbeit tun. Der siebte Tag ist ein Ruhetag, dem Herrn, deinem Gott, geweiht*« 5. Mose 5,13-14

Gott ruhte selbst am siebten Tag, nachdem Er das Universum erschaffen hatte (1. Mose 2,2). Der Grund war nicht, daß Er keine Energie mehr gehabt hätte, sondern um uns in unserem Menschsein daran zu erinnern, daß wir diese Erfrischung benötigen, die nur aus dem Gehorsam diesem Gebot gegenüber kommt.

Wenn wir denken, daß wir es besser wüßten als Gott und uns entscheiden, Ihm nicht zu gehorchen, werden wir zu gegebener Zeit die unvermeidlichen Konsequenzen an unserem Leib ernten.

Gott sei Dank, daß Er Seine Barmherzigkeit jedem wahrhaft bußfertigen Herzen zuteil werden läßt. »*Ja, wohl dem Mann, den Gott zurechtweist. Die Zucht des Allmächtigen verschmähe nicht! Denn er verwundet, und er verbindet, er schlägt, doch seine Hände heilen auch*« Hiob 5,17-18

### Schwereres Gericht für Leiter

In 4. Mose 12 sehen wir, wie Gott Mirjam wegen der Sünde der Kritik und der Eifersucht gegenüber ihrem Bruder Mose mit Aussatz schlägt. Es ist sehr bedeutsam, daß Gott nicht sofort antwortete, als der größte Fürbitter und Leiter des Alten Testaments, eben Mose, zu Ihm schrie, damit Er seine Schwester Mirjam heile; Gott erhörte dieses Gebet erst, als Mirjam mindestens eine Woche vom Volk isoliert gewesen war - ein sehr demütigender Umstand. Jeder im Lager sollte wissen, daß Mirjam unter Gottes Gericht stand; Vers 15 sagt. »*Das Volk brach nicht auf, bis man Mirjam wieder hereinließ.*«

Warum war das Gericht Gottes so streng, und warum sollte jeder davon wissen? Der erste Grund ist, daß Mirjam als Prophetin und Leiterin eine mit Autorität und Einfluß ausgestattete Rolle einnahm. »*Ich habe Mose vor dir hergesandt und Aaron und Mirjam*« Micha 6,4

Gott zeigt uns, daß je größer die Ebene geistlicher Leiterschaft und des Dienstes in Verbindung mit der Offenbarung von Wahrheit, die Er uns gibt, ist, umso größer auch die Verantwortung ist, die wir haben, diese Wahrheit zu leben. Wenn wir versagen, sind wir umso stärker verantwortlich; das Gericht, das Gott über uns kommen läßt, ist entsprechend größer. Das ist gerecht.

Gott arbeitet daran, Heuchelei aus dem Leben von geistlichen Leitern zu entfernen. *»Nicht so viele von euch sollen Lehrer werden, meine Brüder. Ihr wißt, daß wir im Gericht strenger beurteilt werden«* Jakobus 3,1

Sind wir selbst echt, dann bringen wir andere dazu, ebenfalls echt zu werden aufgrund des gottgemäßen Einflusses, der von unserem Leben ausgeht. Sind wir aber nicht echt, dann führen wir andere in Versuchung, uns in unserer Heuchelei nachzuahmen. Gott richtet Heuchelei bei geistlichen Leitern sehr streng, weil Er sie so verabscheut. Wir wissen das aufgrund der scharfen Reaktion Jesu gegenüber den heuchlerischen geistlichen Leitern Seiner Zeit.

Der zweite Grund ist, daß Gott uns deutlich machen will, wie schwer die Sünde der Kritik und der Eifersucht in Seinen Augen wiegt, vor allem, wenn sie sich gegen die Gesalbten des Herrn richten. *»Tastet meine Gesalbten nicht an, tut meinen Propheten nichts zuleide!«* Psalm 105,15 Mirjam war diesem Befehl gegenüber ungehorsam.

Wie unnütz wäre es für Mirjam gewesen, Heilung in Anspruch zu nehmen, als sie unter dem Gericht Gottes stand! Als die Zeit vorüber war, in der sie die Konsequenzen ihrer Sünde erntete, muß Gott sie in seiner Barmherzigkeit geheilt haben, denn wir lesen, daß sie in das Lager zurückkehrte in dann das ganze Volk weiterzog (4. Mose 12,15-16).

Michal, die Frau des Königs David, beging die gleiche Sünde des Kritisierens eines vom Herrn gesalbten

Leiters. Sie verachtete David in ihrem Herzen und redete ihn respektlos und kritisch an, als er auf dem Rückweg von einem großen Sieg Gott durch Singen und Tanzen pries. Sie wurde für den Rest ihres Lebens unfruchtbar und blieb unter dem Gericht Gottes kinderlos.

Was zeigt Gott uns damit? Zuerst, wie Er ihre Sünde einstuft. Und zweitens, daß *viel* Wissen auch *viel* Verantwortung mit sich bringt. Michal lebt mit dem Mann zusammen, der das Prinzip lehrte und selbst auslebte: »Rühre den Gesalbten des Herrn nicht an!« Denn David hätte Saul mehr als einmal töten können, aber er entschied sich, das nicht zu tun. Die Bibel sagt: »*Hinterher aber schlug David das Gewissen...*« 1. Samuel 24,5, und das, obwohl er nur ein Stück vom Mantel des Saul abgeschnitten hatte. Mit anderen Worten: Michal war wahrscheinlich mehr mit der Wahrheit des Prinzips »Rühre den Gesalbten des Herrn nicht an!« konfrontiert, als jede andere Frau, die wir aus dem Wort Gottes kennen. Gottes Gerechtigkeit kam in dem Gericht, das Er über sie verhängte, zum Ausdruck.

Dann begegnen wir in 2 Chronik 26,16-21 dem König Usija. Er wurde stolz, hielt sich nicht mehr an die Grenzen seines Dienstes und seiner Berufung, und fing an, Dinge zu tun, die den Priestern vorbehalten waren. Und als diese ihn zur Rede stellten, wurde er zornig. »*Als er sich aber zornig gegen die Priester wandte, brach an seiner Stirn der Aussatz hervor... Sie drängten ihn eiligst von dort weg, und auch er selbst beeilte sich hinauszukommen...*« Und jetzt achte man auf die folgenden Worte: »*... da der Herr ihn geschlagen hatte.*«

In 2. Chronik 21,18-19 lesen wir über König Joram: *»Nach all dem schlug der Herr den Joram mit einer unheilbaren Krankheit in den Eingeweiden. Nach Jahr und Tag, zwei Tage vor seinem Ende, fielen infolge der Krankheit seine Eingeweide heraus, und er starb unter großen Schmerzen.«* Dieses Gericht an seinem Leib war das Ergebnis eines von der Sünde geprägten Lebens.

All diese Schriftstellen sollten ausreichend deutlich machen, daß Sünde eine Ursache von Krankheit sein kann, und daß Gott Krankheit als eine Form der Züchtigung benutzen kann.

Man erinnere sich aber auch an Johannes 9,1-3: *»Unterwegs sah Jesus einen Mann, der seit seiner Geburt blind war. Da fragten ihn seine Jünger: Rabbi, wer hat gesündigt? Er selbst? Oder haben seine Eltern gesündigt, so daß er blind geboren wurde? Jesus antwortete: Weder er noch seine Eltern haben gesündigt, sondern das Wirken Gottes soll an ihm offenbar werden.«*

Wir müssen sehr vorsichtig sein, daß wir nicht fälschlich aus eigener Vermessenheit heraus richten. Wenn wir einen Kranken sehen, dann sollten wir nicht schnell mit der Aussage bei der Hand sein »Ich weiß, daß der Grund seiner Krankheit Sünde ist. Er muß Buße tun!«

Bitte sagen Sie nie zu jemand anderem: »Alles, was Sie brauchen, ist Glaube!« Lassen Sie Gott den Richter sein. Wir aber sollten uns und andere ermutigen, Gott zu suchen, damit wir Einsicht in die Ursache unserer Probleme bekommen.

# Kapitel 7

# Die Wichtigkeit der Vergebung

Die Medizin weiß um den Zusammenhang zwischen Ärger und einigen Krankheiten. Beispielsweise ist es bekannt, daß Verbitterung manchmal Ursache von hohem Blutdruck, Magengeschwüren, Ausschlägen, Kopfschmerzen, Arthritis und sexuellen Störungen sein kann.

Groll und Ärger sind äußerst destruktive Kräfte für unseren Verstand, unseren Körper, Seele und Geist. »*Ein gelassenes Herz bedeutet Leben für den Leib, doch Knochenfraß ist die Leidenschaft.*« Sprüche 14,30 Hiob 5,2 bringt das noch stärker zum Ausdruck: »*Den Toren bringt der Ärger um.*«

Oft hängt unsere Gesundheit davon ab, daß wir uns entscheiden, anderen zu vergeben, die uns etwas angetan und uns verletzt haben.

Als ich einmal darüber lehrte, wie man Gottes Stimme hören kann, fragte ein Mädchen im Teenageralter Gott, warum sie immer krank sei. Er antwortete, indem Er sie ihres Grolles gegenüber ihrer Mutter überführte. Sie tat über dieser Sünde tiefe Buße und bat Gott um Vergebung. Dann hörte sie, wie der Heilige Geist ihr die Worte eingab: »Schlage Jeremia Kapitel 30 Vers 17 auf!« Sie wußten nicht, was dort stehen könnte, aber sie schaute nach. Zu ihrer Überraschung und Freude las sie dort: »*Denn ich lasse dich genesen und heile dich von deinen Wunden.*« Sie nahm diese Verheißung im Glauben für sich in Anspruch und wurde geheilt.

Gott kann die Fähigkeit zu vergeben jedem schenken, der Seinem Wort glaubt. »*Seht zu, daß niemand die Gnade Gottes verscherzt, daß keine bittere Wurzel wächst und Schaden stiftet und durch sie alle vergiftet werden.*« Hebräer 12,15

Im Folgenden möchte ich einige sehr wirksame Schritte aufzeigen, die immer die in diesem Vers angesprochene Gnade Gottes bewirken, wenn man nur diese Schritte geht:

**1.** Wenn wir über die von uns begangenen Sünden Buße getan haben, müssen wir Gottes Vergebung empfangen (1. Johannes 1,9). Auf dieser Basis müssen wir dann auch uns selber vergeben. Es wird schwierig sein, anderen zu vergeben, wenn wir das nicht getan haben.

**2.** Wir müssen uns klarmachen, daß Vergeben ein Akt des Willens ist. Wir müssen es wollen und uns dann dafür entscheiden. Echte Vergebung bedeutet, daß wir Dritten nicht mehr von der Person erzählen wollen, die uns etwas angetan hat. »... *die Liebe deckt viele Sünden zu (nicht auf!).*« 1. Petrus 4,8

**3.** Wir müssen uns auch klarmachen, daß wir selbst von Gott keine Vergebung erhalten, wenn wir nicht anderen vergeben.

*»Denn wenn ihr den Menschen ihre Verfehlungen vergebt, dann wird euer himmlischer Vater auch euch vergeben. Wenn ihr aber den Menschen nicht vergebt, dann wird euch euer Vater eure Verfehlungen auch nicht vergeben.«* Matthäus 6, 14-15

**4.** Wir müssen uns ebenfalls klarmachen, daß unsere Gebete wirkungslos sind, wenn wir Ärger und Bitterkeit im Herzen haben. Beachte die enge Verbindung zwischen Vergebung und Gebet in Matthäus 6,12. Als Jesus seine Jünger unterweist, wie sie beten sollen, sagt er: »*Und erlaß uns unsere Schulden wie auch wir sie unseren Schuldnern erlassen haben.*«

Weiter heißt es in Markus 11,25: »*Und wenn ihr beten wollt und ihr habt einem andern etwas vorzuwerfen, dann vergebt ihm, damit auch euer Vater im Himmel euch eure Verfehlungen vergibt.*«

Beachte auch hierbei die Verbindung zwischen Vergebung und Glauben beim Gebet. Vers 24: »*Alles, worum ihr betet und bittet - glaubt nur, daß ihr es schon erhalten habt, dann wird es euch zuteil.*« Danach kommt dann Vers 25, der uns eindringlich nahelegt, jedem zu vergeben, der uns etwas angetan hat oder der uns verletzt hat.

> *»Seht euch vor! Wenn dein Bruder sündigt, weise ihn zurecht; und wenn er sich ändert, vergib ihm. Und wenn er sich siebenmal am Tag gegen dich versündigt und siebenmal wieder zu dir kommt*

*und sagt: Ich will mich ändern!, so sollst du ihm vergeben. Die Apostel baten den Herrn: Stärke unseren Glauben! Der Herr erwiderte: Wenn euer Glaube auch nur so groß wäre wie ein Senfkorn, würdet ihr zu dem Maulbeerbaum hier sagen: Heb dich samt deinen Wurzeln aus dem Boden, und verpflanz dich ins Meer!, und er würde euch gehorchen.«* Lukas 17, 3-6

Hiob mußte seinen Freunden wegen ihres falschen Urteils über ihn vergeben, bevor er wirksam für sie beten konnte. *»Der Herr wendete das Geschick Hiobs, als er für seinen Nächsten Fürbitte einlegte; und der Herr mehrte den Besitz Hiobs auf das Doppelte.«* Hiob 42,10

**5.** Denken Sie sorgfältig darüber nach, was Gott Ihnen alles vergeben hat, und danken Sie Ihm für Seine große Barmherzigkeit Ihnen gegenüber.

*»Seid gütig zueinander, seid barmherzig, vergebt einander, weil auch Gott euch durch Christus vergeben hat.«* Epheser 4,32

*»Ertragt euch gegenseitig, und vergebt einander, wenn einer dem andern etwas vorzuwerfen hat. Wie der Herr euch vergeben hat, so vergebt auch ihr!«* Kolosser 3,13

Gott vergibt uns augenblicklich, gern und umfassend.

**6.** Danken Sie dem Herrn für alle Segnungen, die Er Ihnen durch die Menschen geschenkt hat, die Sie verletzt haben. In einem wirklich dankbaren Herzen kann Ärger nur schwer wohnenbleiben.

**7.** Machen Sie sich bewußt, welche Nöte die Leute zu der Zeit hatten, als sie Sie verletzt haben - ihre Nöte im Bereich von Körper, Seele und Geist. Denken Sie an den

Druck, unter dem sie standen, ihre Verantwortung, und ihre schwierige Situation. Ihre Nöte damals und heute sind wahrscheinlich größer als Ihre.

**8.** Bitten Sie Gott, durch Seinen Heiligen Geist, auf Sie zu kommen und Ihnen die übernatürliche Fähigkeit zu geben, den anderen zu lieben und ihm zu vergeben. »... *denn die Liebe Gottes ist ausgegossen in unsere Herzen durch den Heiligen Geist, der uns gegeben ist.*« Römer 5,5

Nehmen Sie das im Glauben an. »*Ohne Glauben aber ist es unmöglich, Gott zu gefallen; denn wer zu Gott kommen will, muß glauben, daß er ist, und daß er denen, die ihn suchen, ihren Lohn geben wird.*« Hebräer 11,6

**9.** Bitten Sie Gott, Ihnen Gelegenheiten zu geben, diesen Menschen gegenüber Seine Liebe in Wort und Tat auszudrücken.

»*Wenn jemand Vermögen hat und sein Herz vor dem Bruder verschließt, den er in Not sieht, wie kann die Gottesliebe in ihm bleiben? Meine Kinder, wir wollen nicht mit Wort und Zunge lieben, sondern in Tat und Wahrheit.*« 1. Johannes 3,17-18

**10.** Treten Sie in der Fürbitte für diese Menschen ein. Beten Sie regelmäßig, daß Gott sie segnet, ermutigt, tröstet, stärkt und sich ihrer tiefsten Nöte annimmt.

»*Ich aber sage euch: Liebt eure Feinde, und betet für die, die euch verfolgen.*« Matthäus 5,44

Gott sagt uns in Galater 5,5, daß der Glaube durch die Liebe wirksam wird.

Danken und preisen Sie Gott für Seine Macht, die Sie von Ärger und Bitterkeit freisetzt. Wenn wir unseren Teil tun, tut Er den Seinen.

Vergebung befreit uns nicht nur von zerstörerischen Mächten, sondern hilft auch dabei, die Kraft Gottes durch uns für andere freizusetzen.

Jesus schaute den Petrus voll Vergebung an, nachdem er den Herrn dreimal verleugnet hatte, und das brachte das Herz des Petrus zum Schmelzen, so daß er Buße tat.

Jesus sprach Judas als »Freund« an, als dieser kam, um ihn an die Hohenpriester zu verraten. Offensichtlich war dies ein Gruß voller Liebe und Loyalität, ohne Bitterkeit und Ärger.

Sowohl Jesus wie Stephanus lebten Vergebung als Lebensstil. Deshalb konnten sie bei ihrem Tod beim Vater fürbittend eintreten und bitten, daß ihren Mördern Barmherzigkeit zuteil werde - der Gipfel der Vergebung.

### Wem sollen wir vergeben?

Wir sollen nur denen vergeben, bei denen wir sicher sind, daß sie uns etwas angetan haben. Wir müssen sehr vorsichtig sein, nicht einfach davon auszugehen, daß jemand sich uns gegenüber etwas zuschulden hat kommen lassen, nur weil unsere Gefühle verletzt sind. Die Person, durch die die Verletzung zustande kam, mag sich dessen vielleicht überhaupt nicht bewußt sein.

Vielleicht ist unser Stolz verletzt worden. Wir müssen Gott bitten, uns zu offenbaren, warum wir uns verärgert fühlen. Die Antwort darauf kann uns helfen, weitere unnötige Verletzungen zu vermeiden. Vielleicht sind wir durch Mangel an Weisheit ja selbst schuld an den schmerzhaften Umständen.

Wir leiden umso stärker, je mehr wir die Person lieben, die uns verletzt hat. Wir leiden auch stärker, wenn Ungerechtigkeit im Spiel ist. Deshalb müssen wir oft denjenigen am häufigsten vergeben, die uns am nächsten stehen.

Lassen Sie uns doch einmal die folgende Liste durchgehen, ob es da nicht noch versteckten Ärger oder Bitterkeit gibt: Eltern, Ehemann, Ehefrau, Kinder, Enkel, Geschwister, andere Verwandte, Freunde, Lehrer, geistliche Leiter, Leute, mit denen wir zusammen in einem Team gearbeitet haben, Leute, die uns untergeben waren, oder denen wir unterstellt waren, Politiker und Beamte unseres eigenen Landes oder eines anderen.

Es ist wichtig, sich klarzumachen, daß wenn Hanna nicht sofort Eli (ihrem Priester) vergeben hätte, als er sie so falsch beurteilte (1. Samuel 1,12-14), sie den von ihm ausgesprochenen Segen nicht empfangen hätte ... der die Heilung von Jahren der Unfruchtbarkeit bedeutete!

Je mehr wir Ungerechtigkeit erfahren, umso mehr stehen wir in der Versuchung, uns über den Täter zu ärgern. Deshalb müssen wir unsere Reaktionen während unserer schmerzlichen Erfahrungen in der Gegenwart Gottes überprüfen.

Ich bin mit »Jugend mit einer Mission« assoziiert. In diesem Missionswerk gehen die meisten unserer Studenten nach einer dreimonatigen Lehrphase für zwei Monate auf einen missionarischen Einsatz. Oft bedeutet das, in fremde Länder zu gehen. Darüberhinaus haben wir auch kurzfristige Einsätze; aus einem davon stammt das folgende Beispiel.

Eine unserer Mitarbeiterinnen (ich nenne sie Mary) hatte für eine Reihe junger Leute, die auf ein »Around the World« Team gehen sollten, bei einem Reisebüro die Flüge gebucht. Sie wußte aber nicht, daß der Chef des Reisebüros ihr Geld benutzte, um mehreren Fluggesellschaften Geld zurückzuzahlen, um das er sie vorher betrogen hatte.

Nachdem Mary es mehrfach erfolglos versucht hatte, die Tickets von ihm zu bekommen, erfuhr sie, daß die Polizei ihn verhaftet hatte und er zu einer Gefängnisstrafe verurteilt worden war.

Das brachte Mary natürlich enorm unter Druck, da sie den jungen Leuten und teilweise auch deren Eltern diese peinliche und schwierige Situation erklären mußte. Auch einige der Teammitglieder kamen in Schwierigkeiten, weil sie in ausländischen Flughäfen hängenblieben, ohne daß ihnen dort ihre Anschlußtickets ausgehändigt wurden, wie es ihnen das Reisebüro zugesagt hatte.

In den langen Wochen der Ungewißheit und Angst, in denen Mary diese komplizierte Situation bewältigen mußte, bekam sie schwere, dauerhafte Schmerzen im Schulterbereich, im Rücken und in den Beinen. Mehrere Leute teilten ihr mit, daß die Symptome wie das Anfangsstadium von Arthritis aussahen.

Mehrere Wochen lang wurde die finanzielle Not anderen Christen mitgeteilt, die dem Aufruf zur Hilfe folgten. Allmählich kam das Geld herein, das für jedes Teammitglied benötigt wurde. *Interessant war, daß keines der Teammitglieder an seinem schlußendlichen Bestim-*

*mungsort zu spät ankam und keiner der Pläne Gottes zunicht wurde. Preis dem Herrn!*

Zwar waren inzwischen die Probleme des Teams gelöst, nicht aber die von Mary. Die Schmerzen in ihrem Körper dauerten an. Als sie in einem Mitarbeitergebetstreffen war und von all den Problemen berichtete, die sich durch das Reisebüro ergeben hatten, hörte sie, wie ein Leiter leise betete, »O Herr, hilf ihr, dem Mann zu vergeben.«

Sofort überführte Gott sie dadurch von ihrer Sünde des Ärgers und der Bitterkeit; sie tat auf der Stelle Buße. Alle Schmerzen hörten auf. Sie wurde sofort und dauerhaft geheilt. Gott machte ihr deutlich, daß ihr Ärger und ihre Bitterkeit der Grund für dieses Leiden gewesen war, und daß Buße die Heilung brachte.

# Kapitel 8

# Hör auf, die Sachen selbst zu tragen

Chronisch unter Druck zu sein, weil man die eigenen Lasten nicht auf den Herrn wirft und glaubt, daß Er uns durchträgt, wurzelt in den Sünden des Unglaubens und des Ungehorsams Gottes Wort gegenüber. »*Wirf deine Sorge auf den Herrn, er hält dich aufrecht! Er läßt den Gerechten niemals wanken.*« Psalm 55,23 So oft behalten wir unsere Lasten für uns, murren, sind voll Selbstmitleid, und werfen sie nicht auf Ihn. Was ist das Ergebnis? Oft sind es körperliche, emotionale oder geistige Störungen in uns.

In Psalm 37,5 heißt es: »*Befiehl dem Herrn deinen Weg und vertrau ihm; er wird es fügen.*« Das hebräische Wort für »Befiehl« heißt eigentlich »Wirf«: Wirf das Problem auf Gott. Vertrau auf Ihn, aufgrund dessen, wer Er ist, glaube, daß Er handelt, und Er wird es tun! Gehorsam diesen Schriftstellen gegenüber kann der Schlüssel für viele gesundheitliche Probleme sein.

Eine junge Frau aus einer Gemeinde, in der ich einen Vortrag gehalten hatte, erzählte mir, daß sie seit mehreren Wochen schwere Schmerzen im Hals hatte. Ihr Arzt hatte sie untersucht, aber keine körperlichen Ursachen gefunden und ihr empfohlen, zu einem Psychiater zu gehen. Sie traf mich ein paar Tage vor dem Termin, den sie bei dem Psychiater bekommen hatte.

In der Zwischenzeit hatte sie sich nur von passiertem und püriertem Essen ernährt und schließlich nur noch Flüssigkeiten zu sich genommen. Sie war schon ziemlich abgemagert, als sie mit mir sprach und um meinen Rat bat.

Als ich den Herrn um ihretwillen suchte, führte Er mich zu der oben erwähnten Schriftstelle aus Psalm 37,5 und zeigte mir, daß ihr Problem mit chronischen Sorgen zu tun hatte. Ich erklärte ihr, daß sie ihre Sorgen Gott anbefehlen (sie auf Gott werfen) müßte.

Um das tun und Ihm dann auch vertrauen zu können, mußte sie Seinen Charakter verstehen lernen.

Als allmächtiger Gott würde Ihm nichts entgehen.

Als allwissender Gott wußte Er alles über ihre Probleme.

Als Allweiser Gott wußte Er, wann und wie sie zu lösen wären.

Als Gott aller Gerechtigkeit würde er das Rechte tun für alle diejenigen, die mit dem Problem zu tun hatten.

Als Gott aller Liebe sehnte Er sich danach, ihr ihre Probleme abzunehmen. Die Arme der Liebe sind nicht gerne leer.

Ich schlug ihr vor, sie sollte jedesmal, wenn sie sich über etwas Sorgen machte, ein Kissen nehmen, das die Ursache ihrer Sorgen symbolisieren sollte. Dann sollte sie sich die obengenannten Aspekte von Gottes Charakter vor Augen halten und in diesem Bewußtsein das Kissen auf Ihn werfen.

Ich erklärte ihr weiter, daß sie dann Gott danken sollte, daß Er Seinen Teil tun würde. »Er wird handeln«, sagte ich.

Ernste Probleme mit ihren beiden kleinen Kindern und zusätzlich ihre gesundheitlichen und finanziellen Schwierigkeiten ließen sie den ganzen nächsten Tag damit beschäftigt sein, Kissen zu werfen!

Als ihr Pastor sie zuhause anrief, um zu hören, welche Fortschritte sie machte, sagte sie: »Die Schmerzen gehen alle weg, solange ich meine Hausaufgaben über Psalm 37,5 mache.«

Ihr Mann war so erstaunt über die offensichtliche Heilung seiner Frau, daß er sich entschied, ebenfalls das Wort Gottes in die Tat umzusetzen.

Wochenlang hatte er gezögert, seinem christlichen Geschäftskollegen mitzuteilen, daß er glaubte, daß Gott ihm gezeigt hatte, er solle ihre Geschäftspartnerschaft beenden. Sie hatten eine gute Beziehung miteinander, und er machte sich Sorgen, daß diese Ankündigung Mißverständnisse und Streit verursachen würde.

Um 11 Uhr abends »warf« er dann schließlich seinen Geschäftspartner auf den Herrn, vertraute Ihm und glaubte, daß Er eingreifen würde.

Bevor er am nächsten Morgen noch irgendetwas sagen konnte, kam sein Partner auf ihn zu und erklärte, daß Gott ihm am Abend zuvor klar gezeigt hatte, daß sie ihre Partnerschaft beenden sollten; er hoffe, daß das ihre Beziehung nicht beeinträchtigen würde!

Ein altes englisches Kirchenlied drückt es sehr gut aus: O, welcher Friede entgeht uns oft, O, welch unnötige Schmerzen tragen wir. Alles nur, weil wir nicht alles im Gebet vor Gott bringen.

Stattdessen bringen wir so oft unsere Lasten vor Gott, reden mit Ihm über sie, als ob Er sie nicht schon lange vorher gesehen hätte, *und dann nehmen wir sie wieder mit uns mit!* - Und dann fragen wir uns noch, warum Er nicht eingreift!

# Kapitel 9

# Gottes natürliches Gesetz im Bereich von Essen und Gesundheit

Ein weiterer Grund für Krankheit kann das Vernachlässigen der natürlichen Gesetze Gottes für unseren Körper sein.

*»Oder wißt ihr nicht, daß euer Leib ein Tempel des Heiligen Geistes ist, der in euch wohnt und den ihr von Gott habt? Ihr gehört nicht euch selbst; denn um einen teuren Preis seid ihr erkauft worden. Verherrlicht also Gott in eurem Leib!«* 1. Korinther 6,19-20

Wie können wir Gott in unserem Leib verherrlichen, wenn wir absichtlich Stoffe in unseren Körper aufnehmen, von denen wir wissen, daß sie schädlich sind? Das schließt Drogen und Medikamente ein (außer den medizinisch notwendigen), Alkohol, Zigaretten, Nahrungsmittel, die nicht wirklich ernähren und Flüssigkeiten, die Koffein und Gerbsäure enthalten.

Wie können wir Gott in unserem Leib verherrlichen, wenn wir zuviel essen, uns nicht regelmäßig körperlich betätigen und auf unseren vielfältigen Abhängigkeiten, zum Beispiel von Zucker, bestehen?

Zwanghafte Eß- und Trinkgewohnheiten müssen im Licht der paulinischen Aussage überprüft werden »'*Alles ist mir erlaubt' - aber nicht alles nützt mir. Alles ist mir erlaubt, aber nichts soll Macht haben über mich.*« 1. Korinther 6,12

Eines Tages, als ich diesen Vers las, überführte der Heilige Geist mich davon, daß ich geradezu ein Sklave des Teetrinkens war - ich tat das nur allzuoft. Mein Mann und ich waren zwanghafte Teetrinker. Wir mußten vor Gott eingestehen, daß wir nach Teein süchtig waren.Es war offensichtlich, daß wir Buße tun mußten, was für uns hieß, das Teetrinken vollständig aufzugeben.

Bis zu diesem Zeitpunkt hatte mein Mann Jim recht oft Kopfschmerzen und einen sensiblen Magen gehabt, den er von seiner Mutter geerbt hatte. Er konnte beispielsweise keine gebratenen Zwiebeln oder irgendetwas Scharfgewürztes essen; außerdem hatte er leicht einen »sauren« Magen. Beide litten wir ab und zu an Gelenkschmerzen, die andere in unserem Alter für vollkommen normal hielten.

Seit dem Tag, als wir aufhörten, Tee und Kaffee zu trinken, waren alle diese Symptome verschwunden. Gleichzeitig fingen wir an, als erstes jeden Morgen einen flotten Spaziergang von 50 - 60 Minuten im Freien zu machen und verbanden dies mit Anbetung und Fürbitte. Später gewöhnten wir uns an, Nahrungsmittel mit wenig Cholesterin zu essen.

Die Kombination dieser Veränderungen in unserem täglichen Lebensstil führte zu einer spürbaren Verbesserung in unserem allgemeinen gesundheitlichen Befinden. Nachdem ich schon den größten Teil meines Lebens Reformkost gegessen hatte, bedeutet das für mich, daß meine Gesundheit nun nicht mehr nur sehr gut, sondern geradezu ausgezeichnet ist.

Wenn wir unseren Leib gewohnheitsmäßig mißbrauchen, werden wir die natürlichen Konsequenzen ernten.

Ein Mann trug ein T-Shirt, das, völlig überdehnt, sich eng um seinen enormen Bauch spannte. Auf dem T-Shirt war aufgedruckt: »Hätte ich gewußt, daß ich so lange lebe, hätte ich mich besser um mich gekümmert.«

Wir wissen, daß wir das Gesetz von Ursache und Wirkung erfahren, wenn wir das Zähneputzen vernachlässigen; sie werden verfaulen. Warum braucht es so lange, bis wir erkennen, daß das gleiche Prinzip gilt, wenn wir gewohnheitsmäßig den Geschmack zum obersten Maßstab unseres Essens machen, statt der Gesundheit?

Vielleicht denken Sie jetzt: »Ich hasse es, mein Lieblingsessen aufzugeben - es schmeckt so gut. Das Leben wird langweilig, wenn man nur ißt, was wenig Fett und Zucker enthält. Und wenn es darum geht, ohne Kaffee und / oder Tee zu leben - vergiß es! Wie kann ich den Tag durchhalten ohne diese Aufputschmittel?«

Ich kann diese Reaktion verstehen.

Teil der guten Nachricht ist, daß gesundes Essen absolut köstlich schmecken kann und nie langweilig sein muß. Jahrelang habe ich unter Beweis gestellt, daß gesund zu essen nichts mit Langeweile zu tun hat.

Das andere ist, daß Gott unser Verlangen verändert, wenn wir uns entschließen, die Gesundheit zum obersten Maßstab unseres Essens zu machen; wir stellen dann fest, daß wir nur noch die gesunden Nahrungsmittel essen wollen. Nahrungsmittel, die nicht wirklich nahrhaft sind, die nicht gut für uns sind, sind nicht mehr einmal eine Versuchung, weil das alte Verlangen verschwunden ist.

Der Fett- und Zuckeranteil bei den meisten Gerichten, die Teil unseres scheinbar so ausgewogenen Speiseplans sind, ist gefährlich hoch - und Störungen in unserem Körper sind oft das Ergebnis davon.

Gott ist nicht verpflichtet, uns bei guter Gesundheit zu erhalten, selbst wenn wir Ihm hingegeben dienen, wenn wir ständig Seinen natürlichen und geistlichen Gesetzen gegenüber ungehorsam sind.

Satan führte Jesus in Versuchung, sich vom höchsten Punkt des Tempels herabzustürzen und zitierte die Schriftstelle, daß Gott ihn durch Engel schützen würde. Jesus antwortete, indem er selbst die Schrift zitierte *»Du sollst den Herrn, deinen Gott, nicht auf die Probe stellen.«* Lukas 4,12

Wir können den Herrn »auf die Probe stellen«, wenn wir Lebensmittel essen, die von der Medizin als schädlich eingestuft werden; wir sind dadurch anmaßend und stellen uns außerhalb des Willens Gottes.

Manchmal sind wir nur deshalb krank, weil wir die Konsequenzen dessen erleben, daß wir die Warnsignale, die uns unser Körper gesandt hat, überhört haben.

Wie oft waren wir gegenüber der Eingebung des Heiligen Geistes ungehorsam im Hinblick auf unsere Eß- oder Trinkgewohnheiten?

Vor kurzem habe ich eine Reihe von Zeugnissen von geistlichen Leitern gehört, daß Gott sie ermahnt hat, sich körperlich zu betätigen und Eß- und Trinkgewohnheiten zu ändern. Sehr häufig war das mit ernsthaften körperlichen Störungen verbunden.

Lassen Sie uns ernsthaft den Herrn bitten, uns zu zeigen, wo wir Ihn nicht mit unserem Leib verherrlichen, und dann die notwendigen Schritte der Buße tun. Das bedeutet eine Umstellung des Denkens, eine Veränderung des Herzens und eine Veränderung des Lebens. *»... ich verkündete, sie sollten umkehren, sich Gott zuwenden und der Umkehr entsprechend handeln.«* Apostelgeschichte 26,20

Wir können auch Gottes natürliche Gesetze verletzen, indem wir unseren Körper überbeanspruchen, sei es durch Mangel an ausreichender Ruhe oder durch Überanstrengung.

Einst zerrte ich mir die Sehnen zwischen meinen Schultern, als ich half, eine sehr schwere Matratze zu tragen. Tagelang hatte ich Schmerzen, die gefolgt wurden von Muskelkrämpfen.

Als ich Gott bat, mir zu zeigen, was Er mich lehren wollte, verstand ich, daß ich dummerweise meinen Körper Lasten ausgesetzt hatte, für die er nie geschaffen war. Diese Lektion mußte ich auf die harte Tour lernen, da ich in dieser Zeit während eines Ostergottesdienstes sprechen mußte.

Kürzlich sah ich eine Bekanntmachung: »Achte auf deinen Körper - er ist nur menschlich!«

Zuviel oder spätabends das Falsche zu essen kann Verdauungsstörungen und Schlaflosigkeit bewirken. Manchmal kommen körperliche Beschwerden von sehr natürlichen Ursachen.

Das erinnert mich an die Anekdote von einem Mann, der feststellte, daß er sich nicht mehr gerade aufrichten konnte. Er ging zum Arzt, um sich untersuchen zu lassen: er fürchtete schon das Schlimmste. Der Arzt schaute ihn kurz an und sagte dann: »Warum nehmen Sie nicht ihre Krawatte aus dem Reißverschluß ihrer Hose?«

Als Antwort auf unser Forschen nach der Ursache körperlicher Störungen führt Gott uns vielleicht zu einem Ernährungswissenschaftler oder einem Arzt, der herausfindet, daß in unserem Körper ein chemischen Ungleichgewicht vorliegt. Oder Gott schickt uns zu einem Arzt, der feststellt, daß wir uns zur Korrektur dieser Sache einer Operation unterziehen müssen. Gott hat viele Mittel und Wege um unseren Körper zu heilen.

Unsere Sache ist es, Gottes Wort an uns ernst zu nehmen: »*Wißt ihr nicht, daß ihr Gottes Tempel seid und der Geist Gottes in euch wohnt? ... Gottes Tempel ist heilig, und der seid ihr.*« 1. Korinther 3,16-17

# Teil 2

## Der biblische Sinn von Krankheit

# Kapitel 10

# Heilungswunder

Krankheiten können verschiedene Gründe haben. So kann Krankheit eine Gelegenheit für Gott darstellen, Seine große Macht zu demonstrieren; durch ein Heilungswunder wird Sein Namen geehrt. Das geschieht am auffälligsten durch eine augenblickliche Heilung.

Ehe Wunder geschehen können, müssen Menschen da sein, die Wunder brauchen. Haben Sie je darüber nachgedacht? »*Unterwegs sah Jesus einen Mann, der seit seiner Geburt blind war. Da fragten ihn seine Jünger: Rabbi, wer hat gesündigt? Er selbst? Oder haben seine Eltern gesündigt, so daß er blind geboren wurde? Jesus antwortete: Weder er noch seine Eltern haben gesündigt, sondern das Wirken Gottes soll an ihm offenbar werden.*« Johannes 9,1-3

In Johannes 11,4 sehen wir dasselbe. »*Als Jesus das hörte (daß Lazarus krank war), sagte er: Diese Krankheit wird nicht zum Tod führen, sondern dient der Verherrlichung Gottes: Durch sie soll der Sohn Gottes verherrlicht werden.*«

Ich bin so froh, daß wir diese eindeutigen Verse haben, denn sie zeigen die andere Seite der Medaille.

Eine sportliche junge Asiatin mit Namen Nita Edwards studierte an einer Universität in Sri Lanka, als sie einen Unfall hatte, durch den sie völlig gelähmt wurde. Ein Jahr lang lag sie völlig bewegungsunfähig da, ihr Körper verfiel zunehmend. Sie konnte nicht einmal sprechen. Schmerzen und Medikamente wurden alltäglich für sie.

Ich zitiere aus dem Buch *Das Wunder im Spiegel*, das Mark Buntain (ein inzwischen verstorbener Missionar in Kalkutta) über ihr Leben schrieb.

»Sie hatte den Ärzten vertraut. Sie hatten versagt. Sie hatte zu Gott um Heilung gebetet. Er hatte es nicht getan. In geheimen Momenten hatte sie sogar darum gebetet zu sterben. Aber auch das geschah nicht.«

Eines Tages flehte sie ihren Pastor an, »Warum hören Sie nicht einfach auf, für mich zu beten?« (Er hatte gelernt, von ihren Lippen zu lesen, wenn sie etwas mitteilen wollte.) Er antwortete, daß er damit nicht aufhören würde, ehe Gott ihr nicht den Sinn ihres Lebens offenbart hätte. Daraufhin änderten sich ihre Gebete: »Ich bete nicht mehr um Heilung. Ich bete nicht darum, nach Hause in den Himmel zu kommen. Sage mir einfach, wozu Du mich geschaffen hast, und tu mit mir, was Du willst.«

Manchmal wurde sie durch Psalm 31,1 ermutigt »*Herr, ich suche Zuflucht bei dir ... rette mich in deiner Gerechtigkeit,*« und durch Psalm 91,2 »*Du bist für mich Zuflucht und Burg, mein Gott, dem ich vertraue.*« Zu anderen Zeiten empfand sie ein überwältigendes Gefühl von Leere und Hoffnungslosigkeit.

An so einem Tag geschah es.

> Plötzlich, ohne Vorwarnung oder einen Fanfarenstoß, ungefähr um vier Uhr nachmittags, hörte sie eine Stimme. Ein Mann sprach zu ihr in einem sanften aber bestimmten Tonfall. Es war eine Stimme so voll Autorität, wie sie es noch nie gehört hatte.

> »Nita, ich werde dich wieder aufstehen lassen und dich zu einer Zeugin für Asien machen.«

> Sie erschrak. Wenn sie gekonnt hätte, wäre sie aufgesprungen. Sie hatte angenommen, daß sie allein im Raum sei. Wo war diese Stimme hergekommen? Sie sprach weiter: »Ich werde dich am Freitag, den elften Februar heilen.«

> Nitas Herz klopfte wie wild. Sie war sicher, daß niemand weiter im Raum war. Nie zuvor hatte sie diese Stimme gehört.

> Aber tief in ihrem Herzen wußte sie bereits, daß sie Gott gehört hatte. Er hatte ihre Frage beantwortet. Er würde sie am Freitag, den elften Februar heilen; und Er hatte ihre Frage in einer einzigartigen und hochdramatischen Weise beantwortet.

Später bat sie Gott, ihr die Tageszeit zu sagen, zu der die Heilung stattfinden würde. Während Gott das erste Mal hörbar gesprochen hatte, gefiel es Ihm diesmal, mit einer leisen inneren Stimme zu ihrem Geist zu sprechen und ihr zu sagen, daß es halb vier Uhr nachmittags sein würde.

Sie vertraute Gott völlig und erwartete in größter Vorfreude das Ereignis. Sie erzählte ihrem Pastor davon und wies ihn an, bestimmte Menschen zu der Zeit, die Gott ihr offenbart hatte, um ihr Bett zu versammeln, darunter auch medizinische Fachleute, um das Wunder zu bestätigen.

Schließlich war es wenige Minuten vor halb vier Uhr nachmittags, am Freitag den elften Februar.

»Die Macht Gottes schoß wie ein Feuerball von der rechten Seite ihres Bettes her in den Raum hinein und erfüllte ihn. Nitas Bett begann unter der Kraft der Gegenwart Gottes zu vibrieren, und sie hatte ein Gefühl, als ob Millionen Volt Energie durch ihren Körper strömten.«

Genau um halb vier Uhr sah Nita eine Erscheinung des lebendigen Christus. Er kam in einer strahlenden Explosion von Herrlichkeit und berührte sie.

»Die Ketten der Lähmung wurden weggesprengt als Nita über das Fußende ihres Bettes hinausgeschleudert wurde.

Mit einem dumpfen Geräusch landete sie auf ihren Knien.

Ihre Knie waren über ein Jahr lang nicht mehr zu beugen gewesen; nun beugten sie sich vor ihrem Jesus. Ihre Hände, so lange nutzlos, waren jetzt ausgestreckt, erhoben und beteten Gott an. Ihre Stimme war stumm gewesen; jetzt begann sich ihr Mund mit himmlischen Worten zu füllen, die in einem fröhlichen Springbrunnen des Lobes herausströmten. Zum erstenmal in ihrem Leben führte sie andere ins Gebet.

Es ist eine medizinische Tatsache, daß jemand, der drei Monate oder länger eine Lähmung in seinen Beinen hat, an Muskelschwund leidet und Krankengymnastik betreiben muß, um seine normale Gehfähigkeit wiederzuerlangen.

Es ist wissenschaftlich dokumentiert, daß Nita Edwards ein Jahr lang völlig gelähmt gewesen war. Ihre normale Gehfähigkeit erlangte sie wieder am Freitag, den elften Februar 1977 um halb vier Uhr nachmittags, Ortszeit in Sri Lanka, dem genauen Zeitpunkt ihrer Heilung.«

Ein paar Jahre nach dieser Heilung hatten mein Mann und ich zu unserer Freude die Gelegenheit, Nita kennenzulernen. Wir erlebten sie als eine Christin mit starker Ausstrahlung und einem tiefen Wunsch, daß Gott durch ihr Leben und ihr Zeugnis verherrlicht würde. Auf viele verschiedene Weisen hat er diesen Wunsch erfüllt.

Aus irgendeinem Grund sind wir geneigt zu denken, daß Heilungswunder im Bereich des Geistes weniger wahrscheinlich sind, als Heilungswunder in Bezug auf andere Teile des Körpers. Vielleicht kommt diese Meinung daher, daß wir von nicht so vielen medizinisch bewiesenen Fällen gehört haben. Deshalb habe ich die folgende Geschichte ausgewählt:

Barbara (der Name ist geändert) nahm 1967 den Herrn Jesus Christus als ihren Retter an und nahm regelmäßig an Bibelstudien teil. Drei Jahre später jedoch war sie mehr und mehr mit ihrer Karriere beschäftigt, was ihr immer weniger Zeit ließ, das Wort Gottes zu lesen ..., schließlich gab sie es ganz auf. Langsam driftete sie von Gott und von der Gemeinschaft der Gläubigen weg.

Während der nächsten 20 Jahre versagte sie geistlich gesehen kläglich, während sie Anerkennung und Erfolge in ihrem Berufsleben errang.

Anfang 1983 zeigten sich bei ihr erste Gedächtnisstörungen. Zunächst erschienen sie unbedeutend, etwas, worüber man lachte, ... aber zunehmend hatte ihre Vergeßlichkeit eine negative Auswirkung auf ihre Arbeit. Es geschah, daß sie ihre Mitarbeiter zu Strategieplanungstreffen zusammenrief, um ihnen kurz- und langfristige Pläne vorzustellen, um dann mittendrin zu entdecken, daß ein wichtiger Teil fehlte.

Ein weiteres Beispiel: Sie stellte Studien über die Durchführbarkeit eines Projektes an, konnte dann aber einen entscheidenden Teil, auf dessen Erarbeitung sie Stunden verwendet hatte, einfach nicht finden. Das bedeutete ein verzweifeltes Durchsuchen von Ordnern und Schubladen - ohne Erfolg. Dann der Versuch, alles zu erklären, und schließlich die Notwendigkeit, die Studien noch einmal neu zu schreiben. Oder noch schlimmer, sie stieß später auf den fehlenden Teil in einem anderen Ordner, der überhaupt nichts mit dem Projekt zu tun hatte.

Ihr Problem verstärkte sich, als sie plötzlich feststellen mußte, daß sie unfähig war, sich an ausdrückliche Anweisungen zu erinnern - dieses Versagen trat dann zutage, wenn sie feststellen mußte, daß sie eine Arbeit gar nicht oder unvollständig erledigt hatte.

Eines Tages kam sie zur Arbeit und konnte sich nicht an ihren ihr zugewiesenen Parkplatz erinnern. Sie hatte seit einem Jahr denselben Parkplatz benützt, mußte aber von da an einen Lageplan in einem Notizbuch mit sich führen.

Es gab Zeiten, wo Barbara sich nicht daran erinnern konnte, wie sie mit ihrem Auto von der Arbeit nach Hause kommen konnte. Sie mußte am Straßenrand anhalten und verzweifelt versuchen, irgendeinen ihr bekannten Anhaltspunkt zu entdecken. Nachdem sie ein Telefon gefunden hatte, rief sie daheim an, machte einen Witz darüber, daß sie sich verfahren hatte, und entdeckte dann, daß sie relativ nah bei ihrem Haus war.

Sie ging zu ihrem Hausarzt, der sie zur gründlichen Untersuchung an einen Spezialisten weiterverwies. Die Untersuchungen ergaben, daß sie die Alzheimersche Krankheit im Anfangsstadium hatte.

Seine Empfehlung war, daß Barbara ihre Arbeit aufgeben und vor allem in den streßorientierten Gebieten ihres Lebens zurückstecken sollte, ohne daß es aber medizinisch eine Hoffnung auf Heilung gäbe. Voll Schmerzen erinnerte sie sich an die drei Monate vor dem Tod ihrer Mutter, der durch Komplikationen im

Gefolge der Alzheimerschen Krankheit verursacht worden war.

Eines Morgens, nachdem die erste Angst etwas abgeklungen war, dachte sie über die Zukunft nach, als sie plötzlich eine tiefe Gewißheit in ihrem Geist bekam, daß dies nicht das Ende war, daß Gott noch einen Plan für ihr Leben hatte, und daß Er irgendwie diese Umstände ihr zum Besten dienen lassen würde.

Dieses innere »Wissen«, daß Gott noch ein sinnvolles Ziel mit ihrem Leben verfolgte, brachte ihr Frieden und motivierte sie, wieder damit zu beginnen, täglich in ihrer Bibel zu lesen. Jeden Tag betete sie, »Lieber Gott, bitte mach dieses Buch für mich lebendig. Schenke mir Verständnis, während ich lese. Zeig mir, was ich tun soll.« An diesem Punkt machte sie Jesus Christus zum Herrn ihres Lebens, nicht nur zum Retter. Barbara ergab ihren Willen in den Seinen.

Wenn sie von jetzt an in Gottes Wort las, dann mit dem Ziel, Seine Stimme persönlich zu hören, um dem gehorchen zu können, was Er sagte. Und das genau ist der Punkt, an dem Bibellesen spannend wird!

Es ist sehr interessant, daß Barbara Gott nie darum bat, sie zu heilen; sie dachte über diese Möglichkeit nicht einmal nach. Sie fuhr einfach fort, Gott zu bitten, ihr zu sagen, was sie tun sollte, um Seinen Zweck mit ihrem Leben zu erfüllen; und sie glaubte, daß Er es tun würde.

Eines Tages kam ihr im Gebet der Gedanke, daß Gott wollte, daß sie vor zweien ihrer unbekehrten Freunde Zeugnis gab. Sie sollte erzählen, wie sie ihr Leben dem Herrn Jesus neu hingegeben hatte und ihrer Überzeugung Ausdruck verleihen, daß Er einen sinnvollen Plan für ihr Leben hatte, trotz der Alzheimerschen Krankheit.

Das war nicht leicht, und sie hatte Angst vor den Reaktionen. Aber nun war Jesus Herr, und sie gehorchte Ihm, als sie ihre Freunde in einem Restaurant traf.

Das Ergebnis war, daß beide Freunde mehr über den Jesus und den Weg zur Erlösung erfahren wollten, und sie verbrachte zwei Stunden damit, mit ihnen darüber zu sprechen. Das Leben wurde für sie spannender und erfüllender.

Ungefähr um 10.00 Uhr an diesem Abend fuhr Barbara vom Restaurant nach Hause. Als sie eine einsame Straße entlangfuhr, spürte sie plötzlich die Gegenwart des Herrn so stark, daß sie an den Straßenrand fahren und anhalten mußte. Sie zitterte unkontrolliert und verstand nicht, was geschah - und plötzlich hörte sie, wie Jesus zu ihr sprach.

Sie erzählte: »Ich wußte nicht, daß so etwas geschehen könnte. Aber die Stimme schien mich ganz einzuhüllen. Zuerst hörte ich meinen Namen, dann sagte Er, daß Er mich liebe und sich freue, daß ich getan hatte, worum er mich gebeten habe. Dann erklärte Er, daß Er mir alles das habe wegnehmen müssen, weil ich zugelassen hatte, daß diese Dinge Ihn aus meinem Leben hinausdrängten. Dann sagte er: Und jetzt bist du geheilt.«

In einem einzigen Augenblick erschienen in Barbaras Gedächtnis all die Situationen während der letzten 20 Jahre, in denen sie Entscheidungen getroffen hatte, wenn Gott sie einen bestimmten Weg führen wollte.

Beinahe immer hatte sie einen anderen Weg eingeschlagen ... ihren Weg.

Dann gab Gott ihr klare Anweisungen, was sie als nächstes tun sollte und ein Verständnis dafür, was Er in Zukunft mit ihr tun würde.

Ungefähr 20 Minuten später hörte sie auf zu zittern und konnte ihr Auto nach Hause fahren.

Auf das Drängen ihres Arztes hin ging sie ungefähr ein Jahr später noch einmal zu dem Spezialisten zur Untersuchung. Als sie einen der entscheidenden Tests für das Kurzzeitgedächtnis machte, stellte er einen deutlichen Unterschied fest. Tatsächlich sagte der Spezialist, er hätte nie solch eine Wiederherstellung des Gedächtnisses erlebt, wie in Barbaras Fall. Er fragte sie, ob sie eine Idee habe, wie diese Veränderung habe geschehen können. Sie legte einfach Zeugnis von Gottes übernatürlichem Eingreifen ab. Das veranlaßte den Arzt, seine Stirn zu runzeln, aber er hatte keine andere Erklärung.

Heute ist Barbara sehr engagiert im Dienst des Herrn und verbringt viel Zeit mit der Seelsorge an leidenden Menschen. Ihre Effektivität im Dienst beruht darauf, daß sie es zu ihrem Lebensstil gemacht hat, jeden Tag Zeit allein mit dem Herrn zu verbringen; sie nimmt sich Zeit für Gebet und Sein Wort, und gehorcht dem, was Er ihr sagt.

Ungehorsam gegenüber einer geoffenbarten Wahrheit war der Grund ihrer Probleme. Gehorsam wurde der Schlüssel dafür, daß ihre Heilung anhielt und sie eine enge Beziehung zu Gott fand.

# Kapitel 11

# Das Wunder der Gnade

Ein weiterer Zweck von Krankheit kann sein, deutlich zu machen, daß die Gnade Gottes genügt, selbst, wenn die Person nicht geheilt wird.

Als Kind beobachtete ich, daß es normal war, daß Vater und Mutter um Heilung beteten. Die Schwester meines Vaters wurde durch ein Wunder von Krebs geheilt. Mein Vater glaubte nicht nur an göttliche Heilung, sondern lehrte dies auch als Bibellehrer. Dennoch wurde er selber von der Parkinsonschen Krankheit nicht geheilt. Aber unerschütterlich betete er für andere und erlebte, daß sie geheilt wurden.

Verstand er, warum Gott ihn nicht heilte? Ich glaube nicht! Wußte er über den Charakter Gottes, der ihn nicht heilte, Bescheid? Ganz bestimmt! Ich fragte oft: »Vati, wie geht es dir heute?« Immer antwortete er, »Gut.« Oft fügte er noch hinzu: »Gottes Gnade genügt.« Manchmal sagte er auch wie Hiob, »*Und wenn er mich tötet, ich vertraue ihm doch ...*« Hiob 13,15

Er pries Gott und sagte durch sein Leben, »Er ist treu. Er weiß, was Er mit mir tut!« Er machte Gott keine Vorhaltungen. An seinem Leben lernte ich, daß Gottes Gnade genügt, und daß Gottes Kraft in den Schwachen mächtig ist.

Das hat sich meinem Geist tief eingeprägt. Es hat einen festen Glauben an den Charakter Gottes begründet, selbst, wenn ich nicht verstehe, warum viele Gebete nicht auf die Weise beantwortet werden, wie wir es erbitten oder erwarten.

Ich glaube nicht nur immer noch an Gottes heilende Wunderkraft, die ich selbst unzählige Male erfahren habe; sondern ich kann bezeugen, was ich durch die Reaktion meines Vaters auf Gottes Souveränität gelernt habe. Für nichts in der Welt würde ich dieses eintauschen. Ich habe nicht ein einziges Mal gehört, daß er sich beklagt hätte. Ich habe nicht ein einziges Mal gehört, daß er Gottes Liebe, Treue oder Gerechtigkeit in Frage gestellt hätte.

Die gottgeschenkte Fähigkeit, mit schwierigen Situationen zurechtzukommen und zwar mit einem Lob auf unseren Lippen, Frieden im Geist und Freude im Herzen - das ist Gnade. Mein Vater hatte sie.

Was ich sagen will, ist: Ich glaube, die Gnade und Kraft Gottes kamen im Leben meines Vaters in jedem Punkt mindestens ebenso deutlich und übernatürlich zum Ausdruck, wie in den dramatischsten Heilungen, die ich je erlebt habe. Beides sind Wunder.

Gottes Wort bezüglich dieser übernatürlichen Gnade empfing Paulus, nachdem er mit Gott dreimal gerungen hatte, daß dieser »... *Stachel im Fleisch..., ein Bote Satans, der mich mit Fäusten schlagen soll...*« weggenommen würde (2. Korinther 12,7).

Anstelle Heilung und Befreiung von dem Problem zu schenken sagte Gott in Seiner unendlichen Weisheit und Einsicht, »*Meine Gnade genügt dir; denn sie erweist ihre Kraft in der Schwachheit.*« 2. Korinther 12,9

Die Reaktion des Paulus darauf war sehr positiv. Im Grunde sagte er: »In Ordnung, Gott, ich schlucke das! Genaugenommen freue ich mich jetzt sogar über diese Schwachheit, weil Du sagst, daß Deine Kraft in größerem Maß in mir sein wird.« Diese Antwort brachte Paulus geistliche, geistige und emotionale Gesundheit - und bewirkte eine Beschleunigung der ewigen Plänen Gottes mit Seiner Kirche durch eben diesen Mann.

Wenn wir in die leuchtenden Gesichter von körperlich behinderten Menschen blicken, denen keine Heilung geschenkt wurde, die aber Gott trotzdem keine Vorwürfe machen, dann sehen wir diese wunderbare Gnade am Werk.

Eines Tages besuchten mein Mann und ich einen Freund und lernten seine sympathische Tochter kennen. Sie war mit einem jungen Mann befreundet, dessen Beine aufgrund eines Footballunfalls völlig gelähmt waren. Er saß in einem Rollstuhl.

Das erste, was ich bemerkte, waren seine dunklen, braunen Augen. Sie waren so sanft. Sein Gesicht strahlte, und obwohl ich nichts über ihn wußte und ihm gerade erst vorgestellt worden war, ging ich sofort zu ihm hin, schaute direkt in seine Augen und sagte: »Ich liebe Sie. Ich will Ihnen einen Grund dafür nennen, warum ich Sie liebe. Ich brauche Ihnen keine einzige Frage stellen. Ich sehe den Rollstuhl. Ich sehe, wie Ihre Beine bewegungslos herunterhängen, und ich sehe, daß auch nicht der geringste Vorwurf gegen Gott in Ihren Augen ist. Ich muß Ihre Geschichte nicht hören, um zu erkennen, daß sie darüber mit Gott zu einem völligen Frieden gefunden haben.«

Ich fuhr fort: »In Ihren Augen steht keine Frage, es ist keine Härte in ihnen. Sie sind in Jesus verliebt. Seine Gnade genügt. Es macht dabei keinen Unterschied, ob sie geheilt werden oder nicht. Sie leben zur Ehre Gottes. Junger Mann, ich liebe Sie!« Dann hörte ich seine Geschichte, die die Wahrheit dessen bestätigte, was ich gesagt hatte. Der Heilige Geist hatte mir dieses spontane Zeugnis durch die Ausstrahlung dieses jungen Mannes gegeben.

Er erzählte mir, daß er früher bitter *gewesen war*, daß er Fragen *gestellt hatte*. Aber während er über dem Wort Gottes nachgrübelte und dabei das Angesicht Jesu sah, hatte er verstehen gelernt: »*Gerecht ist der Herr in allem, was er tut, voll Gnade in all seinen Werken.*« Psalm 145,17

Mit Begeisterung erzählte er von den dynamischen Plänen, die Gott ihm für sein Leben zu offenbaren begonnen hatte, seit er Gottes Souveränität akzeptiert und Seine wunderbare Gnade empfangen hatte. Gott hatte ihm gezeigt, daß er ein Buch über sein Leben schreiben sollte, und seine gläubige Freundin half ihm dabei.

Körperliche Heilung? Nein. - Geistliche, geistige und emotionale Heilung? Ja. Und zugleich ein Beweis von Gottes wunderbarer Gnade und dem Lebenssinn, den Er einem Menschen schenken kann.

Kapitel 12

# Gottes Erbarmen wird sichtbar

Ein weiterer Grund für Krankheit ist, Gott Gelegenheit zu geben, Sein Erbarmen zu zeigen. Der erste Grund war, Seine Macht sichtbar zu machen, der zweite, Seine wunderbare Gnade, der dritte, Sein Erbarmen. Was ist Erbarmen? Nicht das zu bekommen, was wir verdienen.

In Matthäus 15,22 heißt es: »*Da kam eine kanaanäische Frau aus jener Gegend zu ihm und rief: Hab Erbarmen mit mir, Herr, du Sohn Davids! Meine Tochter wird von einem Dämon gequält.*« Jesus beantwortete ihren Hilfeschrei, der aus einer Haltung der Demut kam. Genaugenommen sagte sie nämlich: »Lieber Gott, könntest du bitte mir in meiner Not helfen, nicht weil ich es verdiente. Ich weiß, daß ich es nicht verdiene, aber einfach aus deinem Erbarmen.«

Katherine Kuhlman sagte einmal, »Wenn man mich bitten würde, in nur einem Wort zu erklären, was durch den Geist Gottes geschieht, wenn in meinen Heilungsgottesdiensten die Wunderkraft Gottes sichtbar wird, dann wäre dieses eine Wort Erbarmen; das Erbarmen Gottes.«

Ich möchte dazu noch anmerken: Was sonst wäre der Grund dafür, daß die große Mehrheit der Leute, die zu Katherine Kuhlman kamen und die oft auch dramatischste Heilungen erlebten, Menschen waren, die selten oder nie zur Kirche gingen?

Oft kamen die Menschen mit einer zynischen Haltung zu ihren Gottesdiensten, die Herzen ohne jeden Glauben, bis das Erbarmen Gottes sie plötzlich ergriff und sie auf spektakuläre Weise geheilt wurden. Dann kamen sie nach vorne zum Podium und Katherine fragte sie dann gewöhnlich: »Wie lange waren Sie in keiner Kirche gewesen?« »Seit 25 Jahren nicht.« Sie erhoben sich einfach aus einem Rollstuhl oder wurden von Krebs oder einer anderen unheilbaren Krankheit geheilt. Das habe ich dies immer wieder in ihren Gottesdiensten erlebt. Und Katherine antwortete dann darauf: »Oh, welch ein Erbarmen Gottes!« Wozu? Um die Menschen zur Erkenntnis ihrer Sünde zu führen, damit ihre Seelen gerettet würden. Das war das größte Wunder.

In Römer 2,4 heißt es: »*Verachtest du etwa den Reichtum seiner Güte, Geduld und Langmut? Weißt du nicht, daß Gottes Güte dich zur Umkehr treibt?*« Wie viele von uns wurden von Gott geheilt, damit Sein Erbarmen sichtbar würde? Wir haben es nicht verdient. Haben wir es begriffen und erkannt, daß Er Seine Güte uns gegenüber erwiesen hat, damit wir anfangen, nach Seinem Willen zu leben?

Wir wollen uns Menschen in der Bibel anschauen, die zu Gott um Erbarmen riefen und geheilt wurden. In Lukas 18,35-37 sitzt ein blinder Bettler am Straßenrand. Als er hört, daß Jesus von Nazareth vorbeikommt, schreit er: *»Jesus, Sohn Davids, hab Erbarmen mit mir!«* (Gib mir, was ich nicht verdiene.) Jesus erhörte seine Bitte.

In Markus 5,19, als ein Besessener von einer Legion Dämonen befreit wurde, wollte er bei Jesus bleiben. Doch der sagte: *»Geh nach Hause und berichte deiner Familie alles, was der Herr für dich getan hat und wie er Erbarmen mit dir gehabt hat.«*

Vielleicht können Sie sich nicht in einen blinden Mann, in eine Frau mit einem besessenen Kind oder in einen Besessenen hineinversetzen. Aber vielleicht können Sie sich in Epaphroditus hineinversetzen, einen engen Freund des Paulus. In Philipper 2,26-27 lesen wir: *»Er sehnt sich danach, euch alle wiederzusehen, und war beunruhigt, weil ihr gehört hattet, daß er krank geworden war. Er war tatsächlich so krank, daß er dem Tode nahe war. Aber Gott hatte Erbarmen mit ihm, und nicht nur mit ihm, sondern auch mit mir, damit ich nicht vom Kummer überwältigt würde.«* Die Erklärung dafür, daß Epaphroditus schließlich wieder gesund wurde, war, daß Gott Sein Erbarmen erwies.

Die Bibel ist so ausgewogen. Wenn wir sie doch lesen und studieren würden! Es kann sein, daß wir Gott um Heilung bitten mit der inneren Einstellung, daß wir es im Grunde verdienen, geheilt zu werden, wegen all des

Dienstes, den wir für Gott und andere Menschen getan
haben. Es ist gut möglich, daß Gott dann diese Heilung
zurückhält.

Die Bibel lehrt uns, daß dann, wenn wir alles getan
haben, was wir sollten, wir unnütze Diener sind (Lukas
17,10). Der Mensch, der betet: »Gott ich bin ein unnützer
Diener. Ich bin nicht den geringsten Gefallen Deiner-
seits wert. Aber hab bitte Erbarmen mit mir«, wird mit
weit größerer Wahrscheinlichkeit Gottes Aufmerksamkeit erhalten - und die notwendige Heilung. Demut
macht den Unterschied.

# Kapitel 13

# Ein Mittel der Prüfung

Erst in schwierigen Situationen kann Gott uns wirklich prüfen. So können Krankheit und/oder Schmerzen von Gott gebraucht werden, um diesen Zweck zu erfüllen.

Es hat eine Bedeutung, daß Paulus in Römer 12,1 uns dringend ermahnt: »*Angesichts des Erbarmens Gottes ermahne ich euch, meine Brüder, eure Leiber als lebendiges und heiliges Opfer darzubringen, das Gott gefällt; das ist für euch der wahre und angemessene Gottesdienst.*«

Wir können sicher sein, wenn wir nach dieser Ermahnung gelebt haben, dann wird Gott prüfen, wie ernst wir das meinen, auch was unser äußeres Wohlergehen anbelangt.

Es ist sehr wichtig, daß wir verstehen, daß Gottes unbedingte Gerechtigkeit hinter jeder Prüfung steht. »*Aber der Herr der Heere richtet gerecht, er prüft Herz und Nieren.*« Jeremia 11,20

Gott prüft uns, um zu sehen, ob wir ihn wirklich lieben (5. Mose 13,4), ob wir ihm gehorchen (5. Mose 8,2; Richter 2,22-23) und ob unserer Motive wirklich rein sind (1. Thessalonicher 2,3-4).

**Erste Prüfung:** Wir haben vielleicht gesagt: »Gott, ich will zu Deiner Ehre leben, was auch immer das bedeuten mag.« Dann erfahren wir plötzlich gefühlsmäßige Schmerzen oder Verletzungen. Reagieren wir, indem wir sagen, daß wir diese Art von Leiden nicht wollen, daß wir die Schwierigkeiten nicht wollen? Es kann gut sein, daß Gott denkt: »Hast du nicht gesagt, du wolltest, daß ich verherrlicht werde? Warum machst du so ein Gezeter, wenn ich Schwierigkeiten herbeiführe bzw. zulasse, um meinem Namen Ehre zu bringen?«

Er hat nicht versprochen, daß es für uns immer leicht sein würde. Tatsächlich ist Leiden ein unvermeidliches Element im Wachstum. Wir wachsen, wenn wir in der richtigen Weise Gott gegenüber reagieren. »*Der Gott aller Gnade aber, der euch in Christus zu seiner ewigen Herrlichkeit berufen hat, wird euch, die ihr kurze Zeit leiden müßt, wiederaufrichten, stärken, kräftigen und auf festen Grund stellen.*« 1. Petrus 5,10

Vor vielen Jahren, als ich in Neuseeland lebte, fuhr ich gerade in meinem Auto, als ein plötzlicher Schmerz meinen Nacken ergriff. Sofort nahm ich Autorität über die Mächte der Finsternis, aber der Schmerz dauerte an. Ich wußte also, es war nicht der Feind.

Ich sagte, »Gut, Gott, ich habe Dir gesagt, daß ich auf jede Weise, die Du für richtig hältst, zu Deiner Ehre leben möchte. Wenn Du also willst, daß ich den Rest meines Lebens diesen starken Schmerz in meinem

Nacken spüre, und wenn ich dadurch Deinem Namen größere Ehre bringen kann, dann bin ich einverstanden.« Und ich meinte es auch von ganzem Herzen so. Ich hatte in keiner Weise die Freiheit, für Heilung zu beten. Ich fuhr weiter und bemerkte dann, daß der Schmerz vergangen war. Ich erkannte, daß dies eine Prüfung Gottes war, die in Seiner Gnade gegeben, empfangen und überstanden wurde.

**Zweite Prüfung:** Gott will sehen, ob wir weiterhin gehorsam tun, was Er uns gesagt hat, egal, wie wir uns fühlen.

Jim und ich flogen über Dallas nach Los Angeles heim. Das Flugzeug sank zu schnell. Das bewirkte, daß ich auf meinem linken Ohr fast taub wurde. Während der zwei Stunden am Flughafen in Dallas fing das Ohr an zu schmerzen. Auf dem restlichen Flug wurden die Schmerzen so stark, daß mich Jim bei unserer Ankunft in Los Angeles sofort zu einem Arzt brachte, der sich in der Nähe des Flughafens befand.

Der Heilige Geist sprach zu Jims Geist, als er meinetwegen Gott suchte: »Psalm 142, Vers vier«. Er konnte sich nicht erinnern, was dort stand, aber als er nachschlug, fand er, daß es genau das war, was ich hören mußte. »*Wenn auch mein Geist in mir verzagt, du kennst meinen Pfad.*«

Die Diagnose des Arztes lautete: eine Verkrümmung im Hals-Nasen-Ohren-Kanal. Er erklärte, daß manchmal Flugpiloten so etwas erleben, und er wußte, daß es äußerst schmerzhaft war. Er sagte mir, daß er nichts tun könnte, um mir zu helfen, daß aber mit der Zeit der Schmerz vergehen würde.

Nach zwei Stunden Fahrt im dichten Verkehr von Los Angeles kamen wir daheim an. Neuneinhalb lange Stunden nachdem der Schmerz begonnen hatte, spürte ich endlich Erleichterung. In meiner Bibellese am nächsten Morgen gab mir Gott etwas von dem Verständnis, um das ich Ihn gebeten hatte. *»Schreien die Gerechten, so hört sie der Herr; er entreißt sie all ihren Ängsten... Der Gerechte muß viel leiden, doch allem wird der Herr ihn entreißen.«* Psalm 34,18.20

Anfechtungen sind ein Teil von Gottes Jüngerschaftskurs für Seine Kinder, aber sie dauern nicht ewig an. Es gibt einen Zeitpunkt der Befreiung. Im zweiten Petrusbrief 2,9 heißt es: *»Der Herr kann die Frommen aus der Prüfung retten.«*

Der Arzt hatte mich gewarnt, daß es das Schlimmste wäre, was ich tun könnte, wenn ich in nächster Zeit wieder in einem Flugzeug fliegen würde; mein Problem war ja durch plötzliche Veränderungen des Luftdruckes verursacht.

Ich sollte in elf Tagen zum Dienst nach Europa aufbrechen. Ich sollte dreieinhalb Wochen weg sein und in einer ganzen Reihe von Flugzeugen sitzen. Was sollte ich nun im Licht der Warnungen des Arztes tun?

Die Frage wurde in meinem Verstand und meinem Herz schnell beantwortet. Nämlich ohne Zögern weiterzumachen mit den Plänen, die Gott mir offenbart hatte, ohne Rücksicht auf die Konsequenzen.

Seither hatte ich nie wieder Schwierigkeiten mit meinen Ohren, und ich fliege häufig im Auftrag des Königs. Bedingungsloser Gehorsam ist die einzige Art von Gehorsam, die Eindruck bei Gott macht.

Als ich bald darauf in Deutschland war, bekam ich
starke Schmerzen im unteren Rückenbereich. Es fühlte
sich an, wie wenn heiße Messer mich stachen. Ich konnte nur mit gekrümmtem Rücken gehen. Als ich aufs
Podium ging, um im ersten Treffen zu sprechen, fragte
ich mich, wie ich das aushalten sollte.

Sobald ich meinen Mund öffnete um zu sprechen,
verschwanden alle Schmerzen augenblicklich. Ich dachte, ich wäre geheilt. Aber als ich das Podium wieder
verließ, kamen die Schmerzen in voller Stärke zurück.

Als Antwort auf mein Beten der vier Schlüsselgebete
aus Kapitel drei dieses Buches sprach Gott zu mir.
Durch Psalm 11,4-5 erklärte Er mir, daß Er mich prüfte.
Durch Psalm 9,9-11 bekräftigte Er Seine Gerechtigkeit
mir gegenüber, und daß Er meine Burg ist in Zeiten der
Not. Er versicherte mir auch, daß Er die nie verläßt, die
Ihn suchen, und daß Er den Schrei der Bedrückten nicht
überhört. Er erinnerte mich auch daran, daß ich Ihn
weiterhin preisen mußte. Das tat ich dann auch.

Während der ganzen folgenden Nacht saß ich aufrecht auf dem Sofa in unserem Hotelzimmer, gestützt
von Kissen. Mich hinzulegen war zu schmerzhaft. Erstaunlicherweise schlief ich.

Am nächsten Morgen lenkte der Herr Jim zum Buch
Hiob. Er gab ihm Einsicht, daß Gott während der letzten
Wochen dem Feind erlaubt hatte, mich anzugreifen,
damit Gott mich prüfen könnte. Zur gleichen Zeit ermu-
tigte und tröstete mich der Heilige Geist sehr tief, als ich
in meiner stillen Zeit den Psalm 71 las. Mir fielen auch
fünf Aufforderungen zum Lob Gottes in diesem Psalm
auf. Mir wurde klar, daß dann, wenn ich Ihn weiterhin

während dieser Anfechtungen pries, anbetete und Ihm vertraute, ich auch die daraus resultierenden Verheiß- ungen am Ende des Psalms für mich in Anspruch neh- men konnte: »*Du ließest mich viel Angst und Not erfahren, und machst mich wieder lebendig, und führst mich wieder heraus aus den Tiefen der Erde. Du bringst mich zu Ehren und tröstest mich wieder.*«

Nachdem ungefähr der halbe Nachmittag vergangen war, wurde ich völlig geheilt. Die Prüfung, die Gott beabsichtigt hatte, war bestanden.

Aber ich sollte noch von einem erstaunlichen Nach- spiel zu dieser Erfahrung hören. Bei der Abendveran- staltung erzählte mir ein deutschsprechende Amerik- anerin, daß sie in der vorangegangenen Nacht vom Herrn geweckt worden war. Sie war im selben Hotel wie wir, nur ein paar Türen entfernt.

Sie empfing einen klaren Eindruck in ihrem Geist: »Bete für Joy. Sie braucht Heilung.« Sofort fragte sie zurück: »Welche Joy?« »Die Dame, die bei der Eröff- nungsveranstaltung der Konferenz heute abend gepre- digt hat.« Ihr erschien es seltsam, daß sie Zeit ihres Schlafes opfern sollte für eine Person, die sie nur kurz an diesem Abend gesprochen hatte, und von der sie wirklich nichts wußte.

Trotzdem betete sie um meine Heilung und versuch- te wieder einzuschlafen. Aber der Herr ließ sie nicht. Er legte eine starke Last auf ihr Herz, die sie ein ganze Zeitlang im Gebet vor Gott bleiben ließ. Sie empfing Offenbarung, daß sich das Problem im Rumpf meines Leibes befand. Schließlich durfte sie wieder einschlafen.

Sie fragte mich am nächsten Tag, ob irgendetwas von dem, was sie erlebt hatte, irgendwie für mich von Bedeutung wäre, da ich ja anscheinend in guter Gesundheit gewesen war, als ich am Abend vorher gesprochen hatte. Ich erzählte ihr meine Geschichte und wir staunten zusammen über die Wege, die Gott manchmal bei Heilungen beschreitet.

Diese Geschichten zeigen deutlich das wunderbar sanfte und fürsorgliche Wesen unseres himmlischen Vaters - auch wenn Er dem Feind als ein Mittel der Prüfung erlaubt hatte, mich anzugreifen.

Wir können das Bestehen einer Versuchung nie uns selber anrechnen. Es ist alles eine Wirkung des Geistes Gottes, der uns Seine Wege lehrt. Es ist Seine Gnade, die uns befähigt. Deshalb gehört alle Ehre Ihm (Römer 11,36).

**Dritte Prüfung:** Gott will sehen, ob wir Philipper 4,4 befolgen: »*Freut euch im Herrn zu jeder Zeit! Noch einmal sage ich: Freut euch!*« Egal, wie die Situation ist.

Man bat mich, bei einer Sommerfreizeit für einen Mann zu beten, der drei große Geschwüre im Nacken hatte. Er hatte starke Schmerzen. Ich bat Gott um Weisung. Gott sagte zu mir, »Bringe ihn dazu, daß er mich fragt, was ich ihn zu lehren versuche. Das ist alles, was du sagen sollst.« Ich tat das und ließ ihn mit der Versicherung zurück, daß ich dafür beten würde, daß er Gott deutlich hören würde.

Ein paar Tage später ließ er mich wieder holen und sagte: »Es hat mir nicht gefallen, als Sie nur sagten, 'Bitten Sie Gott, Ihnen zu zeigen, was Er Sie lehren möchte.' Aber es war genau richtig. Als ich ernsthaft

Gottes Antwort suchte, sagte Er zu mir, 'Bob, du hast mich immer gepriesen, wenn alles wunderbar lief, und ich bin von deinem Lobpreis begeistert; aber du hast nie gelernt, mich auch im Leiden zu preisen.' 'Oh, das stimmt, Gott. In Ordnung, das ist also das, was Du versuchst mich zu lehren.'«

Dann fuhr er fort: »Joy, mir fiel etwas auf. Ich fing an, Gott für Sein Wesen zu preisen, egal, wie die Umstände aussahen oder wie stark die Schmerzen waren, und ich fuhr mit diesem Lobpreis fort. In diesem Moment fing ich auch an, Erleichterung bei den Schmerzen zu bekommen, und die Geschwüre fingen an zu heilen. Um nichts in der Welt hätte ich diese Zeit des Lernens missen wollen. Vielen Dank für deinen Gehorsam Gott gegenüber in Bezug auf mich!«

**Vierte Prüfung:** Werden wir mitten in großer Anfechtung weiterhin Gott mit einem vertrauensvollen Herzen anbeten, oder werden wir bitter und widerstehen Ihm?

Hiobs Leben ist ein gutes Beispiel. Es beinhaltet satanische Angriffe, bestandene Prüfungen, viel körperliches Leiden, Prüfungen, in denen er versagte, Demütigung und dann Heilung.

Das Wort Gottes zeigt uns in dieser Erzählung vom menschlichen Leiden deutlich, daß Gott die Initiative ergriff, um Satan auf Hiob aufmerksam zu machen. Gott fuhr dann fort und gab ihm eine sehr beeindruckende Beschreibung von Hiobs Charakter: »... *Seinesgleichen gibt es nicht auf der Erde, so untadelig und rechtschaffen, er fürchtet Gott und meidet das Böse.*« Hiob 1,8 Was für eine Werbung, wenn man bedenkt, daß sie von Gott kam!

Sofort forderte Satan Gott bezüglich der Motive Hiobs heraus. Er sagte, das rechtschaffene Leben des Hiob sei nur das Ergebnis der Segnungen, die Gott über ihm ausgeschüttet hatte. Und wenn sich das ändern würde, würde Hiob Gott ins Gesicht fluchen - was für eine Aussage!

Dann erlaubte Gott Satan, mit dem ganzen Besitz Hiobs zu tun, wie es ihm beliebte; Hiob selbst aber sollte er nicht anrühren. Als Folge davon verlor Hiob alle seine Besitztümer und alle seine Kinder an einem einzigen Tag. Seine großartige Reaktion war, daß er Gott anbetete und Ihn pries für Seine unhinterfragbare Souveränität. So weit, so gut.

Als Gott dann Satan mit der Reaktion Hiobs konfrontierte, antwortete Satan tatsächlich: »Wenn Du mir erlaubst, seinem Körper Leiden zuzufügen, dann beweise ich Dir, daß er Dir ins Angesicht fluchen wird.«

Damit Gott den rechtschaffensten Mann auf der ganzen Erde prüfen konnte, erlaubte Er es Satan, schmerzhafte Geschwüre an Hiobs ganzem Körper wachsen zu lassen, ... *aber sein Leben sollte er nicht anrühren.*

Das zeigt uns, daß wir nicht einfach Marionetten an Satans Schnüren sind. Wenn wir im Gehorsam gegenüber Gott ein heiliges Lebens führen, dann wird Er den satanischen Mächten erlauben, uns anzugreifen, damit Er uns etwas lehren und uns letztlich Gutes tun kann. Wir finden das heraus, indem wir Gott um Einsicht bitten.

An diesem Punkt scheint Hiob einen Fehler gemacht zu haben. Ab dem dritten Kapitel des Hiobbuches gibt es wenige Hinweise, daß Hiob Gott gefragt hätte, was

Er ihn lehren wollte. Folglich empfing er auch nie die Einsicht, die Gott ihm zweifellos gegeben hätte; nämlich, daß er von Gott durch körperliche Krankheit geprüft wurde und daß ein satanischer Angriff Teil dieser Prüfung war.

Hiob schloß, daß Gott zornig auf ihn sei und lehnte zutiefst ab, was er als ungerechte Behandlung betrachtete. Wiederholt versuchte er, seine Haltung zu rechtfertigen.

Die folgenden Schriftstellen sind einige unter vielen, die das deutlich zeigen.

*»Wollte ich rufen, würde er mir Antwort geben? Ich glaube nicht, daß er auf meine Stimme hört. Er, der im Sturm mich niedertritt, ohne Grund meine Wunden mehrt, er läßt mich nicht zu Atem kommen, er sättigt mich mit Bitternis.«* Hiob 9,16-18

*»... wäre ich unschuldig, so würde er mich doch schuldig sprechen.«* Vers 20

*»So wahr Gott lebt, der mir mein Recht entzog, der Allmächtige, der meine Seele quälte...«* Hiob 27,2

Ebenso in Hiob 30,20-21.

Inmitten dieses Geschehens äußert Hiob aber auch einige klassische Bekenntnisse des Glaubens und des Vertrauens zu Gott.

*»Doch ich, ich weiß: mein Erlöser lebt, als letzter erhebt er sich über dem Staub. Ohne meine Haut, die so zerfetzte, und ohne mein Fleisch werde ich Gott schauen.«* Hiob 19,25-26

*»Er mag mich töten, ich harre auf ihn...«* Hiob 13,15

*»Doch er kennt den Weg, den ich gehe; er prüfte mich, ich ging wie Gold hervor.«* Hiob 23,10

Viele können sich sehr leicht mit Hiob und seinen gemischten Reaktionen identifizieren. Manchmal vertrauen wir Gottes Wesen, und zu anderen Zeiten fragen wir uns, ob Gott unseren Namen vergessen hat!

Vielleicht fluchen wir Gott nicht ins Gesicht, aber unser Mangel an Anbetung, Lobpreis und Gehorsam, und unser Murren geben das deutliche Signal, daß uns Gottes Umgang mit uns nicht gefällt.

Wir können vor Gott gerecht sein, wie es auch Hiob war, ehe Gott uns prüft, aber wir können durch unsere Reaktionen gegenüber Ihm (und gegenüber anderen) während einer Zeit der Prüfung ungerecht werden. Das kann das Leiden verlängern, weil wir dann die Folgen unseres sündigen Säens ernten.

Wenn wir aber fest auf dem Fundament des Wissen um Gottes absolute Gerechtigkeit stehen, dann ist es undenkbar und unvernünftig, Ihm Schuld zu geben, selbst wenn Er die Situation verursacht oder zugelassen hat.

Er ist nicht nur gerecht, sondern er liebt auch die Gerechtigkeit. »*Er liebt Gerechtigkeit und Recht, die Erde ist erfüllt von der Huld des Herrn.*« Psalm 33,5

Nachdem Gott Hiob von neuem Seine unvergleichliche Größe, Seine grenzenlose Macht und Sein unendliches Wissen offenbart hatte, tat Hiob Buße darüber, daß er Gott der Ungerechtigkeit angeklagt hatte. Er bekannte vor Gott, daß er vorher nur ein begrenztes Wissen über Gottes Wesen gehabt hatte (Hiob 42,5-6).

Hiob mußte für seine Freunde, die ihn falsch beurteilt hatte, beten, dann wurde ihm selbst Heilung geschenkt. Durch Zeiten der Prüfung wirkt Gott immer zu unserem

Guten. Wenn wir die Prüfungen bestehen, dann belohnt uns Gott. Er gab Hiob zweimal so viel, wie Er dem Feind gestattet hatte, ihm zu nehmen.

Wenn wir eine Prüfung nicht bestehen, dann muß Gott weitere schwierige Situationen schaffen oder zulassen, in der Hoffnung, daß wir die Botschaft verstehen, Seine Gnade annehmen und im Gehorsam auf Seinen Wegen nach Seinem Wort leben.

Die Belohnung für bestandene Prüfungen ist eine innigere Beziehung zu Gott und größere Vorrechte und Verantwortlichkeiten in Seinem Reich.

# Kapitel 14

# Kein vorschnelles Urteil

Wenn wir ernsthaft Gott suchen, um zu verstehen, was er uns durch unsere Schmerzen lehren möchte, dann wird er manchmal zeigen, daß es um eine Kombination einiger der Gründe geht, die wir uns schon angesehen haben.

Viele Jahre schon hatte ich mich um Einsicht in Gottes Wege bemüht, als ich dies entdeckte.

Schon einige Tage lang hatte ich Schmerzen in meinem Körper. Ich hatte geistlichen Kampf geführt und die vier Gebete aus Kapitel 3 gebetet. Als erstes überführte Gott mich eines Verhaltens, das Ihm nicht gefiel. Ich bereute aufrichtig und demütigte mich vor Gott. Ich sprach auch mit meinem Mann darüber.

Die Schmerzen dauerten an, und meine beständigen Fragen an Gott nach weiteren Erklärungen führten zu keiner Antwort. Ich hatte kein Zeugnis in meinem Geist und keine Weisung vom Herrn, einen Arzt aufzusuchen, obwohl ich dafür sehr offen war.

Schließlich erkannte ich, daß die Verantwortung bei Gott lag, mir den nächsten Schritt zu zeigen, als Antwort auf das vierte Gebet in Kapitel 3. Eines Morgens wachte ich mit dem Eindruck auf, daß ich Jim bitten sollte, den Herrn in Bezug auf mich zu suchen, um irgendeine Einsicht zu bekommen, was Gott mich lehren oder mir erklären wollte.

Als Jim das tat, führte Gott ihn zu Sacharja 13,9 und gab ihm den klaren Eindruck, daß Er die Schmerzen als ein Mittel benützte, um mich zu prüfen. »*Dieses Drittel will ich ins Feuer werfen, um es zu läutern, wie man Silber läutert, um es zu prüfen, wie man Gold prüft. Sie werden meinen Namen anrufen, und ich werde sie erhören. Ja, ich werde sagen; Es ist mein Volk. Und das Volk wird sagen: Jahwe ist mein Gott.*«

Ich nahm diese Offenbarung an, pries Gott und dankte Ihm, daß Er mir durch meinen geliebten Mann geantwortet hatte. Während ich Gottes Gnade empfing, um mit der körperlichen Beeinträchtigung und der eingeschränkten Bewegungsfähigkeit fertig zu werden - dabei blieb ich in der Haltung der Anbetung -, verging der Schmerz langsam.

Ich lernte, daß verschiedene Gründe für eine Krankheit zusammentreffen können und daß ich sie nur erkenne, wenn ich ernsthaft Gott um Einsicht bitte.

Bei einer anderen Gelegenheit fühlte ich mich körperlich nicht wohl, und Gott benutzte dies, um meine Aufmerksamkeit auf etwas zu lenken, wofür ich Buße tun mußte. Sobald ich das getan hatte, sprach Er sehr deutlich durch Daniel 11,33-35 zu mir: »*Die Verständigen im Volk bringen viele zur Einsicht... Aber auch manche von den Verständigen kommen zu Fall; so sollen sie geprüft, geläutert und gereinigt werden bis zur Zeit des Endes.*«

Ich erlebte die Kombination aus Zurechtweisung durch den Herrn und wirklicher Ermutigung durch Ihn; aber nicht nur das - es kam auch zu einer schnellen Heilung.

Wir müssen auch verstehen, daß selbst wenn Sünde der Grund unseres Leidens gewesen war, und wenn unsere Buße Gottes Vergebung freigesetzt hat, wir dennoch nicht immer sofortige Heilung empfangen müssen. Das Gesetz von Säen und Ernten kann immer noch in unserem Leben wirksam sein. Die Krankheit ist zudem eine Erinnerungshilfe in unserem Körper, die uns davon abhält, auf dieselbe Weise wieder zu sündigen. Wenn wir dies wissen, werden wir nicht zu Unrecht urteilen, daß Gott uns nicht liebt, oder uns nicht vergeben hat.

Die Länge der »Ernte«zeit hängt von Folgendem ab:

- Der Tiefe unserer Reue.

- Dem Maß unserer Bereitschaft, uns zu demütigen und jede Wiedergutmachung zu leisten, die Gott von uns verlangt.

- Unserer Bitte an Gott, uns Sein Erbarmen zu erweisen.

- Der Fürbitte anderer, daß Gott uns Sein Erbarmen zeigen möge.

# Kapitel 15

# Demut setzt Gottes heilende Kraft frei

Als ich 1971 in der Schule für Evangelisation von Jugend mit einer Mission in der Schweiz lehrte, wurde die obengenannte Wahrheit durch mein Leben in dramatischer Weise illustriert.

Eines Nachmittags zwischen zwei Lehreinheiten bekam ich plötzlich einen starken Schmerz in meinem Magen und fühlte mich schlecht genug, um zu wissen, daß ich Hilfe brauchte. Zwei der Mitarbeiterinnen waren gelernte Krankenschwestern und brauchten mich nur einmal anzuschauen, um zu wissen, daß etwas mit mir ernsthaft nicht in Ordnung war. Ihre Diagnose war Lebensmittelvergiftung, obwohl wir keine Ahnung hatten, was sie verursacht haben könnte.

Die Schmerzen waren so stark, daß ich in kurzen Atemzügen nach Luft schnappte, und meine Stimme war nur noch ein Flüstern. Ich hörte, wie sie sagten, «Wir werden ihren Magen auspumpen müssen.»

An diesem Punkt machte ich klar, daß ich zuerst Gott fragen müßte, ob es irgendeine nichtbekannte Sünde in meinem Leben gab. Ich war mir keiner bewußt. Sie verstanden das geistliche Prinzip und warteten, während ich still betete.

Augenblicklich überführte Gott mich der Sünde des Stolzes und nagelte mich darauf fest. An jenem Morgen hatte ich zwei Briefe bezüglich meines Dienstes von geistlichen Leitern aus verschiedenen Ländern bekommen, und ich war beeindruckt gewesen, daß sie mir geschrieben hatten. Ich war von mir selbst beeindruckt gewesen. Gott ließ mich wissen, daß Er überhaupt nicht beeindruckt war! Schnell bekannte ich meinen Stolz und wußte, daß mir vergeben worden war, aber die Schmerzen hielten an.

Dann wurde mir klar, daß ich mich vor meinen Freunden demütigen müßte und ihnen genau erzählen müßte, was Gott mir gezeigt hatte. Ich tat das sofort, und genauso schnell wurden die Schmerzen schwächer und hörten dann ganz auf.

Sehr zur Erleichterung der Krankenschwestern sahen sie, wie mein aschfahles Gesicht wieder Farbe gewann.

Innerhalb von sieben Minuten war ich auf den Füßen, ein bißchen schwach und wackelig, aber ich erklärte, daß es absolut keinen Grund gäbe, sich um meinen körperlichen Zustand irgendwelche weiteren Sorgen zu machen. Gott hatte den Grund und den Zweck für die Krankheit offenbart, und hatte in Seinem Erbarmen

Seine Macht durch Buße und Demut freigesetzt. Ehre sei Seinem wunderbaren Namen!

Vielleicht erschrecken Sie über die Strenge in Gottes Umgang mit mir. Aber wir müssen einige Dinge im Blick behalten.

Erstens die Wahrheit, daß Gott immer absolut gerecht ist. »*Er heißt: Der Fels. Vollkommen ist, was er tut; denn alle seine Wege sind recht. Er ist ein unbeirrbar treuer Gott, er ist gerecht und gerade.*« 5. Mose 32,4

Zweitens, daß Stolz Gott verhaßt ist. »*... Hochmut und Hoffart... hasse ich...*« Sprüche 8,13

Drittens, daß die, die Gottes Wort lehren, mit größerer Strenge gerichtet werden, wenn sie nicht nach seinen Maßstäben leben. »*Nicht so viele von euch sollen Lehrer werden, meine Brüder. Ihr wißt, daß wir im Gericht strenger beurteilt werden.*« Jakobus 3,1

In Jakobus 5,14-16 sehen wir, daß eine Reihe von Dingen mithelfen, die heilende Kraft Gottes freizusetzen.

Erstens soll der Kranke die Ältesten der Gemeinde rufen.

Zweitens soll er sie bitten, im Namen des Herrn zu beten.

Drittens sollen die Ältesten den Kranken mit Öl salben.

Viertens sollen sie im Glauben beten.

Fünftens muß Sünde angegangen werden, indem man sie voreinander bekennt und dann füreinander betet.

Dann verspricht Gott, die Sünden zu vergeben, die Krankheit zu heilen und die Gesundheit des Menschen wiederherzustellen.

Es ist oft so viel leichter, die ersten vier Bedingungen zu erfüllen und zu hoffen, daß Gott Seine Kraft freisetzen wird, als sich zu demütigen und alle Bedingungen zu erfüllen. Aber Gott weiß, daß unsere tödlichste Sünde die Sünde des Stolzes ist, und Er weiß, wie dringend wir es nötig haben, von ihr befreit zu werden. Sich zu demütigen ist daher der Weg zur Befreiung.

Einer unserer Freunde wurde von Gott geführt, einige Tage mit Gebet und Fasten zuzubringen, während er bei uns wohnte. Am Ende des Fastens bat er uns, um Heilung für seinen Rücken und seinen Magen zu beten. Als wir Gott suchten, bestätigte Er uns klar durch Sein Wort, daß wir genau das tun sollten.

Mein Mann und ich legten unserem Freund die Hände auf die Schultern, während er auf einem Stuhl saß; wir waren bereit, daß Gott uns im Gebet führen sollte. Ich war verwirrt und peinlich berührt, daß ich keine Freiheit in meinem Geist hatte, ein einziges Wort zu beten, und daß ich nach Minuten der Stille immer noch keine Weisung empfangen hatte.

Als ich den Herrn um Erklärung bat, kam mir wiederholt die Schriftstelle Jakobus 5,16 in den Sinn. Da mir der Vers vertraut war, wußte ich, daß Gott sagte, daß es notwendig ist, voreinander Sünden zu bekennen, ehe man das Gebet des Glaubens um Heilung betet. Mir war klar, daß sich das auf meine Sünden beziehen konnte, und ich lud Gott ein, mich zu überführen.

Als ich keine Überführung erfuhr und der Eindruck blieb, wurde mir klar, daß ich erklären müßte, warum ich immer noch keine Freiheit zum Beten hatte. Ich tat es, obwohl ich es sehr schwierig fand. Ich wand mich innerlich bei dem Gedanken, daß unser lieber Freund sich vor uns demütigen müßte.

Seine Antwort kam sofort. Er erzählte uns, daß Gott ihn während der Zeit des Fastens einer Reihe von Sünden überführt hatte. Er hatte zu Gott gesagt: »Wenn Du willst, daß ich sie öffentlich bekenne, dann bestätige das irgendwie durch Jim oder Joy.«

Sobald er das getan hatte, hatten wir augenblicklich die Freiheit, das Gebet des Glaubens zu beten. Gott bewies in Seiner Gnade und Treue Seine heilende Macht. »*Vollkommen ist Gottes Weg, das Wort des Herrn ist im Feuer geläutert.*« Psalm 18,31

Die Geschichte von der Heilung des Naaman vom Aussatz in 2. Könige 5 illustriert ebenfalls deutlich die Verbindung von Demut und Heilung.

Es war demütigend für den General der syrischen Armee, mit seinen Pferden und Wagen und seiner Begleitung vor Elisas Tür anzukommen und dann die Anweisung für die Heilung von seinem Aussatz von einem Diener zu erhalten - nicht einmal ein Gespräch mit dem Propheten kam zustande! Und noch schlimmer war es, gesagt zu bekommen, er sollte sich siebenmal im Jordan waschen, wo doch die Flüsse in seinem eigenen Land weit besser waren. Warum dieser Fluß? Warum siebenmal? Was würden die Leute denken? Er würde wie ein Narr dastehen und sich auch so fühlen.

Die Bibel erzählt, daß er verärgert und zornig war, bis seine Diener ihn ermutigten, die einfachen, demütigenden Schritte des Gehorsams gegenüber dem Wort Gottes zu gehen. Gottes heilende Kraft wurde freigesetzt.

Demut vor einer Heilung verlangt Gott oft nicht nur auf einer persönlichen Ebene, sondern auffälligerweise ist das auch die erste Bedingung, die in 2. Chronik 7,14 für die Heilung einer Nation genannt wird.

*»Wenn mein Volk, über das mein Name ausgerufen ist, sich demütigt und betet, mich sucht und von seinen schlechten Wegen umkehrt, dann höre ich es im Himmel. Ich verzeihe seine Sünde und bringe seinem Land Heilung.«*

Gott ist von Gebeten, die aus einem stolzen Herzen kommen, nicht beeindruckt. Nach Jakobus 5,16 ist es das Gebet eines gerechten Mannes, das vollmächtig und wirksam ist. Und wir sind nur soweit gerecht, wie wir demütig sind.

Vielleicht haben wir uns gefragt, warum unsere vielen Gebete um Heilung unbeantwortet blieben. Unsere Sünden voreinander zu bekennen, könnte der Weg sein, Gottes große Kraft freizusetzen. In Seiner Treue wird Er uns zu der richtigen Person führen, bei der wir das tun können.

Kapitel 16

# Eine Zeit zu sterben

Dies ist ein wichtiger Punkt, mit dem wir uns ganz realistisch auseinandersetzen müssen, wenn wir einige der Wege Gottes zur Heilung untersuchen.

Die einfache Tatsache ist, daß Gott möglicherweise durch unseren Tod mehr verherrlicht wird, als durch unser Leben - oder durch den Tod eines uns nahestehenden oder uns lieben Menschen.

Wenn wir wirklich zur Ehre Gottes leben, dann werden wir uns keine Sorgen darüber machen, wie Gott durch uns oder durch die Menschen, die wir lieben, verherrlicht wird, solange Er nur überhaupt verherrlicht wird. Wir können nur dann uns selbst und andere wirklich an Gott loslassen, wenn wir auf der Erkenntnis des Wesens Gottes gegründet sind, Seiner unendlichen Weisheit und Seines unendlichen Wissens, Seiner absoluten Gerechtigkeit, Seiner unveränderlichen Treue, Seiner beispiellosen Gnade und Seiner unermeßlichen Liebe.

Paulus hatte dieses Wissen über Gott. Darum sagte er, *»Darauf warte und hoffe ich, daß ich in keiner Hinsicht beschämt werde, daß vielmehr Christus in aller Öffentlichkeit - wie immer, so auch jetzt - durch meinen Leib verherrlicht wird, ob ich lebe oder sterbe. Denn für mich ist Christus das Leben und Sterben Gewinn.«* Philipper 1,20-21

Während vieler Jahre genossen mein Mann und ich das große Privileg und den Segen, eine enge Freundschaft mit einer älteren Frau in den Vereinigten Staaten zu haben, die uns wie eine Mutter liebte. Und wir erwiderten diese Liebe von Herzen.

Sie war eine Gott hingegebene Seele mit einer großen Liebe für den Herrn und eine wirkliche Fürbitterin. Daher waren wir verwirrt darüber, daß sie so oft krank war. Sie war auch eine Frau mit einem großen Vertrauen auf Gott.

Nach einer erneuten körperlichen Krise kam sie nach einer Zeit des Krankenhausaufenthaltes wieder nach Hause. Ich fragte sie direkt, ob sie jemals ihr Recht auf Leben an den Herrn abgegeben hätte.

Zu meiner Überraschung antwortete sie: »Nein!« Sie sagte mir sehr deutlich, daß sie nicht bereit sei, zu sterben. Erst nachdem ich behutsam aber fest mit ihr darüber gesprochen hatte, erkannte sie schließlich, daß sie in Bezug auf ihren Tod Jesus nie zum Herrn ihres Lebens gemacht hatte. Nach einem inneren Kampf übergab sie schließlich auch diesen Teil ihres Willens dem Einen, den sie ihr Leben lang geliebt und dem sie treu gedient hatte. Einige Monate später starb sie.

Es war eine neue Entdeckung für Jim und mich, daß einige der nach unserer Meinung heiligsten Menschen ihr Leben lang nicht bereit dazu waren, daß Gott vielleicht durch ihren Tod mehr verherrlicht werden wollte als durch ihr Leben.

Elisas Leben ist ein Beispiel für diese Aussage »Es ist Zeit zu sterben.« In 2. Könige 13,14 lesen wir: »*Als Elisa von der Krankheit befallen wurde, an der er sterben sollte, ging Joasch, der König von Israel zu ihm hinab...*«

Was sagt uns das? Der Sinn dieser Krankheit war der Tod. Es wäre unsinnig gewesen, zu diesem Zeitpunkt dem Elisa zu sagen, »Wir müssen jetzt für dich fasten und beten und einen Heilungsgottesdienst feiern und dich mit Öl salben.« Das wäre reine Zeitverschwendung gewesen.

Wir müssen Gott um Erklärung über den Sinn der Krankheit bitten. Wenn Er uns offenbart, daß es der Tod ist, dann müssen wir um göttliche Gnade für uns oder für den Sterbenden beten. Wir beten auch, daß alle Ziele Gottes bis zum Zeitpunkt ihres Todes in ihnen und durch sie erfüllt werden.

Meine geliebte Mutter starb wenige Wochen vor ihrem 87. Geburtstag an Krebs. Ich habe noch nie jemanden gesehen, der bereiter war zu sterben, oder der sich mehr danach sehnte, bei dem Herrn zu sein, den sie liebte; bei niemandem habe ich je einen tieferen Frieden während der Zeit der tödlichen Krankheit erlebt.

Sie hatte während ihres ganzen Lebens an göttliche Heilung geglaubt und sie persönlich auch erfahren, aber als es »Zeit war, zu sterben«, wußte sie es und nahm es vorbehaltlos als liebevollen Plan des Herrn an. Sie

strahlte einen Frieden aus, »der allen Verstand über-
ragt«, und der daher ein großartiges Zeugnis der Gnade
Gottes war.

Während ich aufwuchs, habe ich sie oft sagen hören,
»Es gibt Tausende von Erfahrungen, die schlimmer
sind, als der Tod oder Todesgefahr. Der Himmel ist ein
herrlicher Ort.« Oft sagte sie, »Seit ich mich mit zwölf
Jahren bekehrte, habe ich mich immer danach gesehnt,
beim Herrn zu sein.« Was für ein Erbe habe ich empfangen!

Daher wird es keinen überraschen, wenn ich Tod so
definiere: »Jesus ein bißchen früher zu sehen, als andere.«

In Prediger 3, 1-2 sagt Salomon: »*Alles hat seine Stun-
de. Für jedes Geschehen unter dem Himmel gibt es eine
bestimmte Zeit: eine Zeit zum Gebären und eine Zeit zum
Sterben...*«

Lassen Sie uns Gott bitten, daß Er auch uns so für
Seinen Zeitpunkt unseres Todes vorbereitet, daß wir es
dann als Seinen liebevollen Plan für uns annehmen
können und Ihn durch unseren Tod verherrlichen.

»*Gott hat das alles zu seiner Zeit auf vollkommene Weise
getan.*« Prediger 3,11

Vielleicht dachten wir, wir hätten alle Anzeichen von
Gott, um glauben zu können, daß er die Person, für die
wir beteten, heilen würde. Es war dann wie ein Schock,
als die Person starb. Das ist keine ungewöhnliche Erfahrung.

Wir können darauf reagieren, indem wir vorwurfs-
voll rufen: »Warum, Gott?« Oder aber wir können in der
Gewißheit von Gottes vollkommenem Wesen und der

Unerforschlichkeit Seiner Wege ruhen und gewiß sein, daß Er unsere Gebete um Heilung auf eine bessere Art beantwortet hat.

Für unsere unbeantworteten Fragen können wir Trost in Jesu Worten finden, »*Was ich tue, verstehst du jetzt noch nicht; doch später wirst du es begreifen.*« Johannes 13,7

Wenn ein lieber Mensch gestorben ist, versteht Gott unseren Schmerz und unsere Trauer. »*... unergründlich ist seine Einsicht*« (Jesaja 40,28). »*Denn Gott ist ... gewaltig an Kraft und an Weisheit*« (Hiob 36,5).

Er weiß auch, daß wir Heilung der Gefühle brauchen. Ich weiß keine bessere Verheißung, die wir im Glauben beanspruchen können, als »*Er heilt die gebrochenen Herzen und verbindet ihre schmerzenden Wunden*« (Psalm 147,3).

Vertrauen in Gottes Wort wird zur rechten Zeit Frucht bringen für die, »*denen er sein Wort sandte, die er heilte...*« (Psalm 107,20).

# Kapitel 17

# Tod und Auferweckung

Vielleicht möchte Gott durch den Tod eines Menschen und seine darauffolgende Auferweckung verherrlicht werden, wie bei Lazarus in Johannes 11. Maria und Martha wollten es nicht so. Sie wollten, daß Lazarus geheilt würde, und dachten, Jesus hätte die Chance dazu verpaßt, weil er nicht früher zu ihrem sterbenden Bruder gekommen war.

Sie mußten lernen, was wir lernen müssen - und Erfahrung ist ein wunderbarer Lehrer. *»Meine Gedanken sind nicht eure Gedanken, und eure Wege sind nicht meine Wege - Spruch des Herrn. So hoch der Himmel über der Erde ist, so hoch erhaben sind meine Wege über eure Wege und meine Gedanken über eure Gedanken.«* Jesaja 55,8-9

Der folgende Bericht illustriert das in überwältigender Weise.

Im Juni 1985 bekam ein sechsjähriger Junge namens Katshini aus Kinshasa, der Hauptstadt Zaires, hohes

Fieber mit über 40 C und erkrankte schwer. Nach einer Untersuchung durch den Arzt wurde den Eltern, die Christen waren, mitgeteilt, daß ihr Sohn Katshini zerebrale Malaria hatte. Sehr früh am Mittwoch Morgen ging es dem Kind schlechter, daher brachten ihn seine Eltern in ein nahegelegenes Krankenhaus.

Mulamba (Katshinis Vater) erzählt selbst: »Als wir uns der Mikondo Clinic näherten, krümmte Katshini sich plötzlich und warf seinen Kopf zurück. Er hatte Ausfluß aus seinem Darm und hörte auf zu atmen. Mein Sohn war in meinen Armen gestorben!«

Das war um ungefähr 4 Uhr morgens. Nachdem zwei Versuche, den Jungen mit Injektionen wiederzubeleben, vergeblich geblieben waren, sagte der Arzt, »Ich kann nichts mehr tun, um Ihnen zu helfen. Ihr Kind ist tot.«

Mulamba wurde vom Krankenhaus zum Mama Yemo Hospital geschickt, um einen Totenschein zu bekommen, um das Kind begraben zu können. Als sie dort ankamen, verlangte man Geld von ihnen für die Ausstellung des Totenscheines, aber sie hatten nicht genug. Mulamba ging zu der Firma, für die er arbeitete, um sich Geld zu leihen.

An diesem Punkt betete Mulamba ein sehr entscheidendes Gebet, nämlich ein Gebet, in dem er alles an Gott abgab. »Du bist groß, Gott. Wenn es dir Ehre bringt, daß Katshini tot bleibt, dann soll es so sein. Aber wenn nicht, dann laß ihn wieder leben.« Er erinnerte sich, wie Tabita von den Toten auferweckt worden war, als Petrus für sie betete (Apostelgeschichte 9,36-42).

Er dachte auch an einen amerikanischen Evangelisten, Mahesh Chavda, der gerade evangelistische Versammlungen in dieser Stadt abhielt. Er erinnerte sich, daß er die Zeugnisse vieler gehört hatte, die geheilt worden waren, als Mahesh für sie betete.

Glaube begann sein Herz zu füllen, daß Gott den Jungen wieder zum Leben erwecken würde, wenn Mahesh für seinen Sohn beten würde.

Als er bei der Veranstaltung eintraf, war es Mittag und die Predigt war zu Ende. Aber dann geschah etwas Erstaunliches. Der Evangelist kam zurück zum Mikrophon und sagte: »Gott hat mir gerade gezeigt, daß ein Mann anwesend ist, dessen Sohn heute morgen gestorben ist. Gott möchte, daß du gewiß bist, daß er deinen Sohn heute von den Toten auferwecken wird. Wenn dieser Mann mich hört, dann soll er zur Bühne kommen und wir werden beten.«

Mulamba kämpfte sich seinen Weg durch die Menge nach vorne und stellte sich vor. Er erklärte, daß er seinen toten Sohn im Krankenhaus zurückgelassen hatte und daß er Gottes Hilfe suchte. Mulamba erzählt: »Mahesh Chavda legte mir seine Hände auf und betete ein einfaches Gebet. Er band die Mächte der Finsternis und des Todes im Namen Jesu Christi. Dann setzte er den Geist der Auferstehung frei, Katshinis Leben wiederherzustellen. Ich war zuversichtlich, daß Gott das Gebet gehört hatte und es beantworten würde.«

»Als ich zurückeilte zum Krankenhaus, wo ich meine Familie zurückgelassen hatte, hörte ich den schönsten Laut meines Lebens. Es war Katshinis Stimme, und er rief nach mir! Ich eilte hinein und nahm ihn in meine Arme. Als Familie freuten wir uns unendlich im Herrn. Gott hat Seinen erstgeborenen Sohn in den Tod gegeben und durch Ihn hatte nun Gott mir meinen erstgeborenen Sohn lebendig zurückgegeben.«

Mulambas Bruder, der kein Christ war, war Zeuge all dieser Ereignisse gewesen und übergab als direkte Folge davon sein Leben Christus.

Das Zeugnis von dem wiederauferweckten Kind wurde durch andere Zeugen bestätigt, unter ihnen auch das Krankenhauspersonal, örtliche Pastoren und Familienmitglieder.

Das verdeutlicht in überwältigender Weise die Wahrheit aus 5. Mose 32,39, »*Jetzt seht: Ich bin es, nur ich, und kein Gott tritt mir entgegen. Ich bin es, der tötet und lebendig macht. Ich habe verwundet; nur ich werde heilen. Niemand kann retten, wonach meine Hand gegriffen hat.*«

# Kapitel 18

# Wiederum ist Gehorsam der Schlüssel

Gott wird durch eine allmähliche Heilung genauso geehrt wie durch eine plötzliche, ob sie nun allein durch Gebet geschieht, oder durch Gebet in Verbindung mit medizinischen Mitteln.

Lassen Sie uns das Wort Gottes in Markus 8,23-25 anschauen. *»Er [Jesus] nahm den Blinden bei der Hand, führte ihn vor das Dorf hinaus, bestrich seine Augen mit Speichel, legte ihm die Hände auf und fragte ihn: Siehst du etwas? Der Mann blickte auf und sagte: Ich sehe Menschen; denn ich sehe etwas, das wie Bäume aussieht und umhergeht. Da legte er ihm nochmals die Hände auf die Augen; nun sah der Mann deutlich. Er war geheilt und konnte alles ganz genau sehen.«* Das war offensichtlich eine schrittweise Heilung.

War es ein Versagen, als Jesus dem Blinden die Hände auflegte und er nicht beim erstenmal geheilt wurde? Natürlich nicht! Jesus tat immer, was der Vater ihn tun hieß, denn das war die Art, wie er lebte.

*»Jesus aber sagte zu ihnen: Amen, amen, ich sage euch: Der Sohn kann nichts von sich aus tun, sondern nur, wenn er den Vater etwas tun sieht. Was nämlich der Vater tut, das tut in gleicher Weise der Sohn.«* Johannes 5,19

Warum also vollbrachte der Vater damals vorübergehend nur eine teilweise Heilung durch Jesus? Um uns zu lehren, daß Gehorsam der Schlüssel ist, und daß wir nicht aufgeben sollen, sondern weiterhin Gott um Anweisungen bitten sollen, was der nächste Schritt ist. Wir sollen nicht meinen, wir hätten nicht genug Glauben gehabt. Wir dürfen andere nicht richten. Gott kann sehr wohl uns zeigen wollen, daß wir mehr beten sollen, oder um unsertwillen oder für andere wiederholt zu ihm kommen sollen. Wenn wir innehalten, warten, Seine Anweisungen empfangen und dann gehorchen, wird es keine Verwirrung geben.

Es wird noch interessanter, wenn wir zum nächsten Beispiel in Johannes 9 kommen. Hier sehen wir Jesus mit einem weiteren Blinden in einem Heilungsprozeß, und diesmal benützt Jesus Staub und Speichel. Vorhin hatte Jesus nur Speichel auf die Augen des Blinden gestrichen. Diesmal sagt Vater Gott, der Jesus alles sagt, was er tun soll: »Ich möchte, daß du etwas Lehm nimmst und ihn mit deinem Speichel mischst und das dann auf seine Augen tust.«

Denken wir einmal darüber nach. Meinen Sie, es gibt medizinische Eigenschaften in Speichel und Staub, die blinde Augen sehend machen können? Ich glaube nicht. Worum geht es also? Um Gehorsam. Das hat die Heilung bewirkt. Sie war schrittweise, und es gab mehrere Gelegenheiten für Gehorsam. Was mußte Jesus tun? Ausspucken, die Spucke mit Lehm mischen und auf die Augen des Mannes streichen. Dann mußte der Mann zum Siloah-Teich gehen und sich abwaschen. Fangen blinde Augen zu sehen an, wenn wir Speichel und Lehm in einem bestimmten Teich abwaschen? Nein! Aber die Einzelheiten hatten alle mit Gehorsam zu tun, ob es nun eines einzigen Schrittes bedurfte oder vieler.

Wir sollen uns nicht auf die Mittel oder Methoden der Heilung konzentrieren, sondern nur auf den Gehorsam gegenüber dem Meister. Er hat in Johannes 10,3-4 versprochen: »... *die Schafe hören auf seine Stimme; er ruft die Schafe, die ihm gehören, einzeln beim Namen und führt sie hinaus. Wenn er alle seine Schafe hinausgetrieben hat, geht er ihnen voraus und die Schafe folgen ihm; denn sie kennen seine Stimme.*«

»*Meine Schafe hören auf meine Stimme; ich kenne sie, und sie folgen mir.*« Vers 27

»*Du lenktest in deiner Güte das Volk, das du erlöst hast, du führtest sie machtvoll zu deiner heiligen Wohnung.*« 2. Mose 15,13

»*Ich führe sie an wasserführende Bäche, auf einen ebenen Weg, wo sie nicht straucheln.*« Jeremia 31,19

Nachdem in 2. Könige 20 das Todesurteil Gottes durch den Propheten Jesaja über König Hiskija gesprochen worden war, weinte und betete Hiskija. Daraufhin gab Gott dem Propheten den Auftrag, zu sagen, daß Er seinem Leben fünfzehn Jahre hinzufügen würde. »*Da-*

*rauf sagte Jesaja: Holt einen Feigenbrei! Man holte ihn, strich ihn auf das Geschwür, und der König wurde gesund.*« Vers 7

Glauben Sie, Feigenbrei ist von irgendeinem medizinischen Wert, wenn es um die Heilung von Geschwüren geht? Vielleicht; ich weiß nicht genug über Medizin, aber ich kann mir kaum vorstellen, daß dies die Aussage dieser Geschichte ist. Die Bedeutung lag bei dem Akt des Gehorsams.

Es ist auch wichtig, zu erkennen, daß im Bericht in Jesaja 38 über dasselbe Ereignis ein zusätzlicher wichtiger Faktor mit der Heilung Hiskijas in Verbindung gebracht wird; dieser Faktor wird weder in 2. Könige 20 noch in 2. Chronik 32 erwähnt.

In Jesaja 38,9-20 steht ein »*Lied, das König Hiskija von Juda verfaßt hat, als er nach seiner Krankheit wieder genesen war.*« Eines der Ziele, die Gott mit Hiskijas Krankheit verfolgte, war, ein größeres Maß an Demut in diesem Mann hervorzubringen, der von Gott so großartig dazu gebraucht wurde, andere zur Buße zu führen. »*Aber was kann ich sagen? Er hat zu mir gesprochen und er selbst hat dies getan. Ich werde demütig leben alle meine Jahre wegen dieser Angst meiner Seele.*« (Vers 15, nach der »New International Version«, einer englischsprachigen Bibelübersetzung).

Weiter bringt er zum Ausdruck, daß das Leiden und die Demütigung zu seinem Besten waren, und daß er seine Sünden erkennen und vor Gott bringen mußte, ehe Gott Seine heilende Kraft freisetzen konnte. »*Du hast mich vor dem tödlichen Abgrund bewahrt; denn alle meine Sünden warfst du hinter deinen Rücken.*« Vers 17

Ich war in Japan, um dort vor einigen Mitarbeitern von Jugend mit einer Mission über das Thema dieses Buches zu lehren. Sie waren aus der ganzen Welt zu einem evangelistischen Einsatz zusammengekommen. Nachdem ich die Bedeutung von Gehorsam betont hatte, fügte ich spontan hinzu: »Wenn Gott dir sagt, du sollst jemandem eine Banane auf den Kopf legen und dann für seine oder ihre Heilung beten, so wird keine Heilung stattfinden, ehe du nicht gehorchst.« Alle lachten, und ich fuhr fort in meinem Vortrag.

Am Ende lud ich die, die Heilung brauchten und bereit waren, die Bedingungen aus meinem Vortrag zu erfüllen, ein, dies durch Handzeichen zu erkennen zu geben. Die erste Reaktion kam von einer jungen Frau. Die Oberseite eines ihrer Füße war stark geschwollen, und sie konnte nicht einmal offene Sandalen tragen.

Nachdem ich ein Gebet des Glaubens gebetet und meine Hände auf ihren Fuß gelegt hatte, richtete ich mich auf und sah einen jungen Mann, der seltsam blickte und hinter dem Mädchen stand.

Er erklärte der ganzen Gruppe, daß er am Tag vorher mit diesem Mädchen im Gebetsraum gebetet hatte. Er hatte dabei ihren geschwollenen Fuß entdeckt und hatte sie gefragt, ob er für sie um Heilung beten dürfte. Als sie zustimmte, bekam er einen Eindruck: »Nimm die Banane dort und lege sie ihr auf den Kopf.« Unter den verschiedenen Lebensmitteln, die an diesem Tag im Gebetsraum standen, waren auch Bananen. Dreimal bekam er denselben Eindruck, aber er hatte ihn beiseite geschoben. Er hatte für ihren Fuß gebetet, aber es war zu keiner Heilung gekommen.

In dem Moment, als ich den Satz sagte: »Wenn Gott dir sagt, du sollst jemandem eine Banane auf den Kopf legen und dann für ihre oder seine Heilung beten, dann wird keine Heilung geschehen, ehe du nicht gehorchst,« war ihm deutlich geworden, daß Gott ihn des Ungehorsams überführte. Er hatte Buße getan und gedacht, nun wäre die Sache vorbei, bis er gesehen hatte, wie ich hinging, um für den Fuß des Mädchens zu beten.

Gott hatte ihm dann sehr deutlich gezeigt, daß er seine Buße unter Beweis stellen müßte, indem er hinginge, um jene Banane zu holen und sie auf ihren Kopf zu legen. Er war die zwei Treppen zum Gebetsraum hinauf gerannt, hatte die Banane geholt, die erstaunlicherweise immer noch dort lag, und hatte sie auf ihren Kopf gelegt, während ich mich hinunterbeugte und Gott im Glauben für Seine heilende Kraft dankte. Ich hatte nicht bemerkt, daß er das tat, aber die Gruppe hatte es gesehen. Ich hatte nur gehört, wie sie ihre Heiterkeit unterdrückten.

Innerhalb von Minuten nach dem Gebet ging es ihrem geschwollenen Fuß deutlich besser. Sie konnte mit dem Einsatzprogramm fortfahren, das beinhaltete, daß sie im Lauf der nächsten drei Wochen in mehreren Städten Japans viel zu Fuß unterwegs war. Eine erheiterte Gruppe von 400 Menschen hatte an diesem Tag eine recht ungewöhnliche Demonstration erlebt, ein Zeichen, das der Predigt des Wortes Gottes folgte.

Um die Genauigkeit der Einzelheiten dieser Geschichte zu bestätigen, schrieb ich dem betreffenden jungen Mann. In senem Antwortbrief teilte er mir mit, daß die wichtigste Lektion für ihn die war, daß er sich nicht darum kümmern sollte, was die Menschen über

unsere Handlungen denken (Menschenfurcht), sondern, daß er sich vor allem darum kümmern sollte, was
Gott denkt (Gottesfurcht).

Weiter schrieb er, daß anstelle einer Demütigung vor
der kleinen Gruppe in dem Gebetsraum Gott ihn vor
der größeren Gruppe von über 400 Menschen demütigte. Aber er lernte schnell und ist seit vielen Jahren von
Gott in vollzeitlicher Missions- und Gemeindearbeit
stark gebraucht worden.

Die Bibel lehrt uns, daß unsere Liebe zu Gott an
unserem Gehorsam gemessen wird und daß nur dadurch Sein Name geehrt werden kann. Jesus hat uns ein
Beispiel für dieses Prinzip vorgelebt. *»Ich habe dich auf
der Erde verherrlicht und das Werk zu Ende geführt, das du
mir aufgetragen hast.«* Johannes 17,4

Wenn wir Gottes Willen suchen und Er uns dann
sagt, daß wir zu einem Arzt gehen sollen, um uns helfen
zu lassen, oder in ein Krankenhaus zur Behandlung
oder zu einer Operation, dann ist dies der Weg, auf dem
Er verherrlicht wird. Ärzte und Krankenschwestern
sind ein Teil von Gottes erbarmender, liebevoller Für-
sorge zum Wohl der Menschheit. Wie dankbar bin ich
Gott für sie! Lukas spielte in der frühen Kirche eine sehr
bedeutende Rolle. Ist es nicht interessant, daß Gott einen Arzt erwählte, um das Buch der Apostelgeschichte
zu schreiben?

All das Wissen, das die medizinische Wissenschaft
zur Linderung menschlichen Leidens und zur Wiederherstellung und Bewahrung der Gesundheit erworben
hat, ist ihr von Gott gegeben.

Daher ist es so wichtig, auf den Herrn zu schauen und von Ihm zu erwarten, daß Er Seine heilende Kraft in unserem Körper freisetzt, selbst dann, wenn Er uns anweist, Medikamente einzunehmen oder eine Operation vornehmen zu lassen.

In den letzten Jahren habe ich die Zeugnisse von zwei leitenden Pastoren, zwei Frauen leitender Pastoren und einer Mutter von drei Kindern gehört; und alle drei haben bemerkenswerte Heilungen von tödlichem Krebs erfahren.

In allen Fällen hatte Gott viele eindringliche Gebete einer Reihe von Menschen erhört, indem Er Ärzte, Krankenschwestern, Operationen und medizinische Mittel gebrauchte, um die Betroffenen vollständig gesund werden zu lassen. Jede der Personen hat öffentlich alle Ehre dem Herrn gegeben.

In 2. Chronik 16,12 lesen wir: »*Im neununddreißigsten Jahr seiner Regierung erkrankte Asa an den Füßen. Die Krankheit war sehr heftig. Aber auch in der Krankheit suchte er nicht den Herrn, sondern die Ärzte.*« Sein Fehler war nicht, daß er die Hilfe der Ärzte suchte, sondern daß er nicht zuerst den Herrn gesucht hatte.

Als junge Mutter lernte ich gerade die Wege Gottes aus Seinem Wort. Daher gab Gott mir häufig Gelegenheit, diese Botschaft anzuwenden, wenn meine Kinder krank waren.

Oft wies Gott mich an, um ihre Heilung zu beten und zu glauben, daß Er das ohne medizinische Mittel tun würde. Aber genauso oft sagte Er mir klar, daß ich medizinische Hilfe suchen sollte.

Als unser Sohn John ungefähr acht Jahre alt war, war er stürzte er und hatte eine große Schürfwunde unterhalb seines Knies. Sie war bös entzündet und reagierte auf keine der üblichen Behandlungsweisen.

Mein Mann und ich wurden von Gott geführt, darum zu beten, daß Er auf übernatürliche Weise dieses Bein berühren würde. Sofort sahen wir, wie sich vor unseren Augen überall auf der Wunde neue Haut bildete. Alle Schmerzen verschwanden, und der Heilungsprozeß beschleunigte sich dramatisch. Wir wurden von Ehrfurcht ergriffen.

Während eines sehr kalten und regnerischen Winters während Johns Kindheit wurde er krank. Jim war weg und ich betete wiederholt um Johns Heilung. Ich hoffte, daß ich ihn nicht zum Arzt würde bringen müssen, denn meine Situation machte das schwierig.

Ich hatte Gottes Führung nicht gesucht, weil ich einfach annahm, Er würde John auf die Weise heilen, die für mich am leichtesten sein würde.

Nachdem John schon einige Tage krank gewesen war, verschlechterte sich sein Zustand weiter. Ich wußte, daß Gott mich dringend aufforderte, ihn zu unserem Arzt zu bringen. Ich tat es und mußte mich von ihm schimpfen lassen, daß ich John nicht eher gebracht hatte.

Ich war gedemütigt, bereute mein Handeln vor Gott und vor meinem Kind und bat beide um Vergebung. Sobald John die verschriebenen Medikamente nahm, fing er an, gesund zu werden.

Gott lehrte mich, daß Er gewillt und fähig war, meine Gebete um die Heilung meiner Kinder zu erhören, aber daß ich mich Seinen Methoden, Seinen Mitteln und Seinen Wegen anpassen mußte.

Wir lehrten unsere Kinder die Wege Gottes zur Heilung und stellten fest, daß sie sehr offen dafür waren, selbst, wenn es bedeutete, daß sie ihre Sünden bekennen mußten, ehe die Heilung geschah. Sie hörten auch unsere Sündenbekenntnisse. Wenn wir beständig vor unseren Kindern die Wahrheit leben, dann wird es ihnen nicht schwer fallen, uns zu folgen.

Wieviel Zeit und Geld könnten gespart werden und wieviel Verwirrung und sogar Rebellion gegen Gott könnte vermieden werden, wenn wir uns die Zeit nehmen würden, wenn es uns nicht gut geht, jene vier wichtigen Gebete zu beten und Gottes Angesicht zu suchen, im Glauben, daß Er antworten wird?

Zur abschließenden Erinnerung noch einmal die vier Gebete:

- Ich bete Dich an und preise Dich, weil Du ein wunderbarer Gott bist, und ich bitte Dich, daß Du das tust, was Deinem Namen die größte Ehre bringt.

- Was willst Du mich lehren?

- Was sind die Ursachen und / oder die Ziele?

- Was ist das Nächste, was ich tun soll?

Hören Sie Gottes unglaubliche Ermutigung für die, die Seine Bedingungen erfüllen:

*»Darum wartet der Herr darauf, euch seine Gnade zu zeigen, darum erhebt er sich, um euch sein Erbarmen zu schenken. Denn der Herr ist ein Gott des Rechtes; wohl denen,*

*die auf ihn warten. Ja, du Volk auf dem Berg Zion,... du brauchst jetzt nicht mehr zu weinen. Der Herr ist dir gnädig, wenn du um Hilfe schreist; er wird dir antworten, sobald er dich hört. Auch wenn dir der Herr bisher nur wenig Brot und nicht genug Wasser gab, so wird er, dein Lehrer, sich nicht mehr verbergen. Deine Augen werden deinen Lehrer sehen, deine Ohren werden es hören, wenn er dir nachruft: Hier ist der Weg, auf ihm müßt ihr gehen, auch wenn ihr selbst rechts oder links gehen wolltet.«* Jesaja 30, 18-21

*»Er redete nur in Gleichnissen zu ihnen [zur Menge]; seinen Jüngern aber erklärte er alles, wenn er mit ihnen alleine war.«* Markus 4,34

Aufrichtig suchende Jünger qualifizieren sich für Erklärungen.

*»Zu der Zeit, wenn der Herr die Leiden seines Volkes heilt und seine Wunden verbindet, wird das Licht des Mondes so hell sein wie das Licht der Sonne, und das Licht der Sonne wird siebenmal so stark sein wie das Licht von sieben Tagen.«* Jesaja 30,26

Je mehr wir wünschen, daß Gott durch unser Leben und durch unseren Leib verherrlicht wird, und wenn wir das durch Gehorsam beweisen, umso mehr werden wir entdecken, daß Er viele Wege geplant hat, um Seinen Segen verschwenderisch über uns auszuschütten.

Offenbarung der Wahrheit ist einer dieser Wege. Die Beantwortung einer berechtigten Frage ist ein anderer.

Je enger unsere Freundschaft zu anderen ist, umso mehr werden wir ihnen unsere Geheimnisse anvertrauen.

Bei Gott und Seinen engen Freunden ist es genauso. Wir entscheiden uns, Ihm zu gehorchen, um unsere

Liebe zu Ihm zu beweisen. Er entscheidet sich, uns aus Seinem Wort einige Geheimnisse Seines Wesens und Seiner Wege zu offenbaren - und das ist es, worum es in diesem Buch eigentlich geht.

# Was Lebensübergabe an Jesus Christus bedeutet

»*Entscheidet euch heute, wem ihr dienen wollt... Ich aber will dem Herrn dienen.*« Josua 24,15

»*Er hat aus einem einzigen Menschen das ganze Menschengeschlecht erschaffen, damit es die ganze Erde bewohne. Er hat für sie bestimmte Zeiten und die Grenzen ihrer Wohnsitze festgesetzt. Sie sollten Gott suchen, ob sie ihn ertasten und finden könnten; denn keinem von uns ist er fern.*« Apostelgeschichte 17,26-27

**1.** Erkennen Sie an, daß Sie ein Sünder sind und bereuen Sie ihre Sünde.

»*Alle haben gesündigt und die Herrlichkeit Gottes verloren.*« Römer 3,23.

»*Also kehrt um, und tut Buße, damit eure Sünden getilgt werden...*« Apostelgeschichte 3,19

*»Wenn wir unsere Sünden bekennen, so ist er treu und gerecht; er vergibt uns die Sünden und reinigt uns von allem Unrecht.«* 1. Johannes 1,9

**2.** Glauben Sie, daß Jesus starb und wieder auferstand, um Sie von Ihren Sünden zu erlösen und Ihnen ewiges Leben zu geben.

*»Denn auch Christus ist der Sünden wegen ein einziges Mal gestorben, er, der Gerechte, für die Ungerechten, um euch zu Gott hinzuführen.«* 1. Petrus 3,18

*»Denn: Einer ist Gott, Einer auch Mittler zwischen Gott und den Menschen: der Mensch Christus Jesus.«* 1. Timotheus 2,5

*»Denn Gott hat die Welt so sehr geliebt, daß er seinen einzigen Sohn hingab, damit jeder, der an ihn glaubt, nicht zugrunde geht, sondern das ewige Leben hat.«* Johannes 3,16

*»Und in keinem anderen ist das Heil zu finden. Denn es ist uns Menschen kein anderer Name unter dem Himmel gegeben, durch den wir gerettet werden sollen.«* Apostelgeschichte 4,12

**3.** Nehmen Sie Christus im Glauben an und empfangen Sie *das Geschenk, das Gott in Seinem Sohn anbietet.*

*»Jesus sagte zu ihm: Ich bin der Weg und die Wahrheit und das Leben; niemand kommt zum Vater außer durch mich.«* Johannes 14,6

*»Allen aber, die ihn aufnahmen, gab er Macht, Kinder Gottes zu werden...«* Johannes 1,12

*»Ich stehe vor der Tür und klopfe an. Wer meine Stimme hört und die Tür öffnet, bei dem werde ich eintreten...«* Offenbarung 3,20

*»... daß Gott uns das ewige Leben gegeben hat; und dieses Leben ist in seinem Sohn. Wer den Sohn hat, hat das Leben; wer den Sohn Gottes nicht hat, hat das Leben nicht.«* 1. Johannes 5,11-12

**4.** Übergeben Sie Ihr ganzes Leben dem Herrn Jesus Christus, und folgen Sie Ihm und dienen Sie Ihm ohne Vorbehalt.

*»Wer an den Sohn glaubt, hat das ewige Leben; wer aber dem Sohn nicht gehorcht, wird das Leben nicht sehen, sondern Gottes Zorn bleibt auf ihm.«* Johannes 3,36.

*»Wer mein Jünger sein will, der verleugne sich selbst, nehme sein Kreuz auf sich und folge mir nach.«* Matthäus 16,24

*»Wer Vater oder Mutter mehr liebt als mich, ist meiner nicht würdig, und wer Sohn oder Tochter mehr liebt als mich, ist meiner nicht würdig. Und wer nicht sein Kreuz auf sich nimmt und mir nachfolgt, ist meiner nicht würdig.«* Matthäus 10,37-38

*»Jesus antwortete ihnen: Amen, ich sage euch: Jeder, der um des Reiches Gottes willen Haus oder Frau, Brüder, Eltern oder Kinder verlassen hat, wird dafür schon in dieser Zeit das Vielfache erhalten und in der kommenden Welt das ewige Leben.«* Lukas 18,29-30

**5.** Seien Sie bereit, Christus zu bekennen und anderen zu erzählen, daß Sie zu Ihm gehören.

*»Denn wenn du mit deinem Mund bekennst: 'Jesus ist der Herr' und in deinem Herzen glaubst: 'Gott hat ihn von den Toten auferweckt', so wirst du gerettet werden. Wer mit dem Herzen glaubt und mit dem Mund bekennt, wird Gerechtigkeit und Heil erlangen.«* Römer 10,9-10

*»Wer sich nun vor den Menschen zu mir bekennt, zu dem werde ich mich auch vor meinem Vater im Himmel bekennen. Wer mich aber vor den Menschen verleugnet, den werde auch ich vor meinem Vater im Himmel verleugnen.«* Matthäus 10,32-33

*»Denn wer sich meiner und meiner Worte schämt, dessen wird sich der Menschensohn schämen, wenn er in seiner Hoheit kommt und in der Hoheit des Vaters und der heiligen Engel.«* Lukas 9,26

**6.** Erkennen Sie an, daß der Herr Jesus nicht nur am Kreuz starb um Ihnen ewiges Leben zu geben, sondern daß Er auch von den Toten auferstand, um in Ihnen und durch Sie zu leben.

*»... Christus ist in euch, er ist die Hoffnung auf Herrlichkeit.«* Kolosser 1,27

*»Nicht mehr ich lebe, sondern Christus lebt in mir. Soweit ich aber jetzt noch in dieser Welt lebe, lebe ich im Glauben an den Sohn Gottes, der mich geliebt und sich für mich hingegeben hat.«* Galater 2,20

- Ihr Gebet zur Übergabe Ihres Lebens an den Herrn Jesus Christus:

»Herr Jesus, ich weiß, daß ich ein Sünder bin. Ich bereue meine Sünde, wende mich von ihr ab und bitte Dich, mir zu vergeben. Ich glaube, daß Du am Kreuz für meine Sünde gestorben bist, und ich danke Dir von ganzem Herzen. Ich lade Dich jetzt ein, in mein Herz und in mein Leben zu kommen. Im Glauben empfange ich Dich als meinen Erlöser und mache Dich zu meinem Herrn und Meister. Ich lege mein ganzes Leben ohne Vorbehalt in Deine Hände. Danke, daß Du nicht nur gestorben bist, um mir das Geschenk des ewigen Lebens zu geben, sondern daß Du auch auferstanden bist, um Dein Leben in mir und durch mich zu leben. Ich bin bereit, Dich als meinen Herrn vor anderen anzuerkennen. In ständiger Abhängigkeit von Deinem Heiligen Geist will ich für Dich leben und Deinen Weisungen gehorchen. Danke, daß Du gemäß Deinem Wort gekommen bist und mich zu Deinem Kind gemacht hast. Danke, daß Du mich gereinigt hast, mir meine Sünden vergeben hast und mir ewiges Leben geschenkt hast.«

# Schlüsselelemente für das Wachstum als Christ

**1.** Tägliches Gebet und tägliches Lesen in Gottes Wort sind absolut grundlegend, wenn Sie geistlich wachsen wollen.

Sie können mit dem Johannesevangelium und mit den Psalmen beginnen. Bitten Sie Gott, den Heiligen Geist, Ihnen Verständnis zu geben, und danken Sie Ihm dann, daß Er das tun wird.

*»Ohne Glauben aber ist es unmöglich, Gott zu gefallen; denn wer zu Gott kommen will, muß glauben, daß er ist und daß er denen, die ihn suchen, ihren Lohn geben wird.«* Hebräer 11,6

Unterstreichen Sie einen Vers, wenn Gott durch ihn zu Ihnen spricht. Die Bibel ist Ihr Führer und Ihre Landkarte.

»*Dein Wort ist meinem Fuß eine Leuchte, ein Licht für meine Pfade.*« Psalm 119,105

Beschränken Sie Gebet nicht nur auf »Bitte.«, sondern schließen Sie auch Dank und Anbetung mit ein.

»*... bringt in jeder Lage betend und flehend eure Bitten mit Dank vor Gott.*« Philipper 4,6

»*Lobt ihn für seine großen Taten, lobt ihn in seiner gewaltigen Größe!.*« Psalm 150,2

**2.** Suchen Sie in allen Dingen nach Gottes Führung und erwarten Sie, daß Er Sie führen wird.

»*Ich unterweise dich und zeige dir den Weg, den du gehen sollst. Ich will dir raten; über dir wacht mein Auge.*« Psalm 32,8

Es hat versprochen, zu uns zu sprechen.

»*Meine Schafe hören auf meine Stimme; ich kenne sie, und sie folgen mir.*« Johannes 10,27

**3.** Treffen Sie sich regelmäßig mit anderen lebendigen Christen in der Gemeinschaft oder Gemeinde, zu der Gott Sie führt.

»*Sie hielten an der Lehre der Apostel fest und an der Gemeinschaft, am Brechen des Brotes und an den Gebeten.*« Apostelgeschichte 2,42

»*Laßt uns nicht unseren Zusammenkünften fernbleiben, wie es einigen zur Gewohnheit geworden ist, sondern ermuntert einander, und das um so mehr, als ihr seht, daß der Tag naht.*« Hebräer 10,25

**4.** Eine wichtige Art, öffentlich Zeugnis abzulegen, ist die Glaubenstaufe.

»*Als sie nun weiterzogen, kamen sie zu einer Wasserstelle. Da sagte der Kämmerer: Hier ist Wasser. Was steht meiner Taufe noch im Weg?*« Apostelgeschichte 8,36

Durch die Taufe bekennen wir öffentlich unsern Glauben an den Herrn Jesus Christus auf die Weise, wie Er es uns befohlen hat.

*»Darum geht zu allen Völkern, und macht alle Menschen zu meinen Jüngern; tauft sie auf den Namen des Vaters und des Sohnes und des Heiligen Geistes.«* Matthäus 28,19

**5.** Suchen Sie nach Gelegenheiten, andere zu Christus zu führen.

*»... Wer Seelen gewinnt, ist weise.«* Sprüche 11,30 nach der englischsprachigen Bibelübersetzung NIV

*»Jesus sagte zu ihnen: Kommt her, folgt mir nach! Ich werde euch zu Menschenfischern machen.«* Matthäus 4,19

**6.** Denken Sie daran, daß Ihr Feind, der Satan und Seine Dämonen, Sie auf viele Arten angreifen werden, um Sie zur Sünde zu veranlassen.

In Jakobus 4,7 heißt es, *»Ordnet euch also Gott unter, leistet dem Teufel Widerstand; dann wird er vor euch fliehen..«* Sprechen Sie, *»Es steht geschrieben: '... Er [der Herr Jesus Christus], der in mir ist, ist größer als jener [der Satan], der in der Welt ist'.«* 1. Johannes 4,4

**7.** Falls Sie in Sünde fallen, seien Sie nicht entmutigt, sondern bereuen Sie sie und bekennen Sie alles dem Herrn.

*»Wer den Namen des Herrn nennt, meide das Unrecht.«* 2. Timotheus 2,19

**8.** *»... laßt euch vom Geist erfüllen.«* Epheser 5,18

Gott, der Heilige Geist, ist eine Person, die Ihr Leben völlig bestimmen möchte, so daß der Herr Jesus für Sie zur Wirklichkeit wird, und dann durch Sie für andere.

Ohne Seine Herrschaft über Sie werden Sie ein kraftloser, wirkungsloser Christ sein.

a) Ordnen Sie Ihren Willen völlig Gott unter.
*»... der Heilige Geist, den Gott allen verliehen hat, die ihm gehorchen.«* Apostelgeschichte 5,32

b) Seien Sie gründlich, wenn Sie alle Ihnen bewußte Sünde bekennen und bereuen.
*»Wer seine Sünden verheimlicht, hat kein Glück, wer sie bekennt und meidet, findet Erbarmen.«* Sprüche 28,13

c) Bitten Sie Gott, Sie mit Seinem Geist zu erfüllen.
*»Wenn nun schon ihr, die ihr böse seid, euren Kindern gebt, was gut ist, wieviel mehr wird der Vater im Himmel den Heiligen Geist denen geben, die ihn bitten.«* Lukas 11,13

d) Glauben Sie, daß Er es tun wird, und danken Sie ihm *dafür.*
*»... Alles, was nicht aus Glauben geschieht, ist Sünde.«* Römer 14,23

Erlauben Sie dem Heiligen Geist, so zu wirken, wie es Ihm gefällt, und gehorchen Sie Seinen Weisungen.

Diese Voraussetzungen müssen beständig erfüllt werden, wenn wir ein geisterfülltes Leben leben wollen.